DECIFRANDO AS PALAVRAS DIFÍCEIS DE JESUS

AMY-JILL LEVINE

DECIFRANDO AS PALAVRAS DIFÍCEIS DE JESUS

Um guia para desvendar os ensinamentos mais surpreendentes do Filho de Deus sob a ótica do judaísmo

Copyright © 2021 Amy-Jill Levine.
Publicado em inglês sob o título *The Difficult Words of Jesus: A Beginner's Guide to His Most Perplexing Teachings* por Abingdon Press, um selo da The United Methodist Publishing House (Nashville, Tennessee, EUA)

1ª edição: julho de 2022

TRADUÇÃO
Maurício Bezerra Santos Silva

REVISÃO
Jean Charles Xavier
Equipe Hagnos

CAPA
Julio Carvalho

DIAGRAMAÇÃO
Letras Reformadas

EDITOR
Aldo Menezes

COORDENADOR DE PRODUÇÃO
Mauro Terrengui

IMPRESSÃO E ACABAMENTO
Imprensa da Fé

As opiniões, as interpretações e os conceitos emitidos nesta obra são de responsabilidade da autora e não refletem necessariamente o ponto de vista da Hagnos.

Todos os direitos desta edição reservados à
EDITORA HAGNOS LTDA.
Av. Jacinto Júlio, 27
04815-160 — São Paulo, SP
Tel.: (11) 5668-5668

E-mail: hagnos@hagnos.com.br
Home page: www.hagnos.com.br

Editora associada à:

Dados Internacionais de Catalogação na Publicação (CIP)
(Angélica Ilacqua CRB-8/7057)

Levine, Amy-Jill, 1956

Decifrando as palavras difíceis de Jesus: um guia para desvendar os ensinamentos mais surpreendentes do Filho de Deus sob a ótica do judaísmo / Amy-Jill Levine; tradução de Maurício Bezerra S. Silva. — São Paulo: Hagnos, 2022.

ISBN 978-85-7742-353-8

Título original: The Difficult Words of Jesus: A Beginner's Guide to His Most Perplexing Teachings

1. Jesus Cristo – Ensinamentos 2. Vida cristã I. Título II. Silva, Maurício Bezerra S.

22-2051   CDD-248.4

Índices para catálogo sistemático:
1. Jesus Cristo - Ensinamentos

Dedico este livro com amor a Maria Mayo, minha editora e amiga, e ao seu filho Walter, enquanto eles prosseguem para mais uma geração que possui dificuldade para entender palavras difíceis.

SUMÁRIO

Introdução 9

CAPÍTULO 1: Venda tudo o que você possui...................21

CAPÍTULO 2: Odiar pai e mãe 59

CAPÍTULO 3: Escravo de todos...................................89

CAPÍTULO 4: Não se dirijam aos gentios.......................113

CAPÍTULO 5: As trevas exteriores 143

CAPÍTULO 6: O pai de vocês é o Diabo 171

Posfácio 201

INTRODUÇÃO

Lidando com passagens difíceis

As Escrituras possuem passagens difíceis que até os estudiosos sérios têm dificuldade de entender, e todas as liturgias, em algum momento ou outro, fazem declarações passíveis de questionamento por parte dos membros da congregação. A função da comunidade religiosa não consiste em ser como ovelhas, apesar de todas as metáforas que as mencionam tanto na Bíblia judaica quando na Bíblia cristã. Sem o mínimo desprezo às ovelhas (que não passam de criaturas de Deus, embora não sejam necessariamente as mais inteligentes), temos a possibilidade de desejarmos uma carreira melhor do que simplesmente emitirmos berros "méélhores". Já que o nome "Israel" significa tradicionalmente "lutar com Deus", fazemos bem quando assumimos um esforço para entender as passagens que nos confundem e nos perturbam. Além disso, faremos bem em insistir em colocar em pauta as passagens que nos desafiam e que podem continuar a nos desafiar.

Palavras que temos dificuldade para entender

Este livro estuda seis passagens importantes, bem como várias outras que confundem, frustram e, em alguns casos, até mesmo magoam algumas pessoas. Começamos com as questões econômicas, que eram tão importantes na antiguidade como são na nossa época. Será que todos devem "vender tudo o que possuem e dar o dinheiro aos pobres para ter um tesouro no céu" (conforme se diz em Marcos 10:21)? O que Jesus quis dizer quando falou: "É mais fácil passar um camelo pelo fundo de uma agulha do que um rico entrar no Reino de Deus" (Marcos 10:25)? Esse capítulo aborda a questão da administração, das responsabilidades da comunidade, das vocações e até mesmo da gestão dos seus recursos.

As questões econômicas necessariamente têm a ver com as questões familiares. No capítulo 2, abordamos o comentário de Jesus: "Se alguém vem a mim e ama o seu pai, sua mãe, sua mulher, seus filhos, seus irmãos e irmãs, e até sua própria vida mais do que a mim, não pode ser meu discípulo. E aquele que não carrega sua cruz e não me segue não pode ser meu discípulo" (Lucas 14:26-27). Para entender essa declaração difícil e várias outras semelhantes a ela, precisamos entender como era o discipulado no primeiro século, e o que significava "carregar a cruz" e como Jesus ressignificou o que chamaríamos de "valores da família".

Os lares da antiguidade equivaliam a mais do que simplesmente "pai, mãe, mulher, filhos, irmãos e irmãs": muitas casas, especialmente no mundo romano, consideravam os escravos parte da família. O tema da escravidão na Bíblia geralmente encontra seu destaque naquilo que se classifica como códigos de família, como em Efésios 6:5-8: "Escravos, obedeçam a seus senhores terrenos com respeito e temor, com sinceridade de coração, como a Cristo. Obedeçam-lhes

INTRODUÇÃO

não apenas para agradá-los quando eles os observam, mas como escravos de Cristo, fazendo de coração a vontade de Deus. Sirvam aos seus senhores de boa vontade, como ao Senhor, e não aos homens, porque vocês sabem que o Senhor recompensará a cada um pelo bem que praticar, seja escravo, seja livre". Além disso, os escravos estão presentes por todos os Evangelhos, tanto nas parábolas quanto nos lares, ou mesmo nas narrativas do sofrimento de Jesus na cruz. Diante do fato de nossa história global da escravidão e do modo pelo qual a toxicidade da escravidão nos Estados Unidos continua a impactar nossa vida, como podemos avaliar a instrução de Jesus: "e quem quiser ser o primeiro deverá ser escravo de todos" (Marcos 10:44)? Por que será que, para alguns cristãos, essa comparação é útil, mas, para outros, isso não passa de algo impossível?

A próxima declaração difícil que estudaremos se relaciona com outra questão contemporânea, que diz respeito aos que estão dentro e aos que estão fora da comunidade, tanto no que tange à membresia da igreja quanto à cidadania ou à identidade étnica. Por um lado, Jesus instrui aos seus discípulos: "Não se dirijam aos gentios, nem entrem em cidade alguma dos samaritanos. Antes, dirijam-se às ovelhas perdidas de Israel" (Mateus 10:5b-6), e ainda chama uma mulher gentia (uma mulher "grega, siro-fenícia de origem" em Marcos; ou uma mulher "cananeia" da região de Tiro e Sidom em Mateus) de "cachorrinho", algo que, tanto na época quanto hoje em dia, se tratava de um insulto genérico em vez de se dirigir a alguma etnia em particular. Por outro lado, o Evangelho de Mateus termina com aquilo que se convencionou chamar de "a Grande Comissão" (Mateus 28:19), que consiste na instrução de Jesus para que seus seguidores "façam discípulos de todas as nações" (ou, possivelmente, "de todos os gentios"). Essas passagens e muitas outras levantam questões a respeito da definição da comunidade, bem como sobre o lugar devido do universalismo e do particularismo. Quando acentuamos a nossa humanidade em comum, e quando celebramos nossas tradições diferentes? Além disso, como se deve "evangelizar" — uma ação que literalmente quer dizer "proclamar as boas notícias" de Jesus — em uma época de relações inter-religiosas, onde as pessoas que não são cristãs acreditam já possuir as suas próprias boas-novas ou, pior ainda, percebem o evangelismo cristão como sinal de intolerância e, por causa disso, de um verdadeiro fanatismo?

No capítulo 5, passamos a falar daquilo que identifico, pelo menos na minha experiência diária, como a coleção mais problemática de declarações da parte de Jesus. Ele não somente promove para seus discípulos a comparação com o escravo, como também os ameaça caso não consigam cumprir suas responsabilidades: "E lancem fora o servo inútil, nas trevas, onde haverá choro e ranger de dentes" (Mateus 25:30). A ameaça do inferno continua a ser uma preocupação para muitas pessoas, seja pelo fato de que fizeram alguma coisa que julgam ser imperdoável, seja porque duvidam de alguns ensinamentos de sua igreja, ou mesmo porque tenham medo de um Deus irado e arbitrário, ou até por duvidarem que são "bons o suficiente" para Deus. O medo do inferno está sempre presente, até mesmo em congregações que adotam uma postura liberal com relação às Escrituras. Como podemos avaliar as ameaças do juízo final e cultivar uma fé que se baseia no amor e na alegria em vez de se concentrar no medo do castigo eterno?

Por fim, e da maneira mais difícil, em minha opinião, estudaremos vários textos no capítulo 6 cujas interpretações contribuem para a origem dos guetos, das perseguições, do genocídio e dos tiroteios nas sinagogas em nossa época. No Evangelho de João, Jesus se dirige a "judeus" (em grego: *Ioudaioi*) e lhes diz: "Vocês pertencem ao pai de vocês, o Diabo, e querem realizar o desejo dele" (João 8:44a). Nos dias de hoje, os nacionalistas brancos e os seguidores de alguns grupos religiosos afrodescendentes nos Estados Unidos, indivíduos equivocados que afirmam estar representando o cristianismo verdadeiro ou o islamismo verdadeiro, falam dos judeus como aqueles que representam a "sinagoga de Satanás", que consiste em uma expressão que é mencionada duas vezes no Novo Testamento: em Apocalipse 2:9 e 3:9. Como se deve lidar com esses insultos? Como tratar essa demonização? O que pode ser feito quando se sabe que um texto magoa, ou, melhor ainda, como exorcizamos esses textos de sua ameaça potencialmente demoníaca?

Nossa abordagem

Os Evangelhos não possuem uma tranca para isolar as palavras difíceis. No interior das epístolas do apóstolo Paulo, encontramos comentários como:

Como em todas as congregações dos santos, permaneçam as mulheres em silêncio nas igrejas, pois não lhes é permitido falar; antes permaneçam em submissão, como diz a lei. Se quiserem aprender alguma coisa, que perguntem a seus maridos em casa; pois é vergonhoso uma mulher falar na igreja. Acaso a palavra de Deus originou-se entre vocês? São vocês o único povo que ela alcançou? (1Coríntios 14:33b-36)

e

A mulher deve aprender em silêncio, com toda a sujeição. Não permito que a mulher ensine, nem que tenha autoridade sobre o homem. Esteja, porém, em silêncio. Porque primeiro foi formado Adão, e depois Eva. E Adão não foi enganado, mas sim a mulher, que, tendo sido enganada, tornou-se transgressora. Entretanto, a mulher será salva dando à luz filhos — se elas permanecerem na fé, no amor e na santidade, com bom senso (1Timóteo 2:11-15).

Existem também algumas passagens difíceis nas Escrituras que temos em comum. Quando meu filho fez treze anos, ele se tornou um *bar mitzvah*, expressão aramaica que significa "filho do mandamento". Ser um *bar mitzvah* (ou *bat mitzvah* para as mulheres) significa assumir todos os direitos e todas as responsabilidades de um judeu. Esse rito de passagem geralmente é caracterizado pela leitura cantada da Torá na sinagoga e pela explicação de uma parte da passagem que foi lida.

A passagem que é lida é associada com o aniversário dessa pessoa (a leitura da Torá e a leitura suplementar dos Profetas, que é conhecida como Haftará, funcionam do mesmo modo que os vários lecionários cristãos). O meu filho Alexander nasceu em agosto (nessa época, no Swarthmore College não se parava a contagem do tempo para o nascimento de uma criança, portanto, essa faculdade

INTRODUÇÃO

entendeu que o ato não acadêmico de dar à luz deveria se situar entre o final de maio e meados de agosto), o que nos leva à parte do ano da leitura de Deuteronômio. A passagem atribuída a ele é a Parashá Shoftim, que vai de Deuteronômio 16:18 a 21:9, a passagem em que se encontra o versículo: "Siga única e exclusivamente a justiça". Se ele seguisse a lei do mínimo esforço, ele falaria sobre a justiça. Entretanto, nem sempre o caminho mais fácil é o melhor. Ao prosseguir em sua leitura, ele se deparou com Deuteronômio 20:14-17:

> Mas as mulheres, as crianças, os rebanhos e tudo o que acharem na cidade, será de vocês; vocês poderão ficar com os despojos dos seus inimigos dados pelo Senhor, o seu Deus [...].
> Contudo, nas cidades das nações que o Senhor, o seu Deus, lhes dá por herança, não deixem vivo nenhuma alma. Conforme a ordem do Senhor, o seu Deus, destruam totalmente os hititas, os amorreus, os cananeus, os ferezeus, os heveus e os jebuseus.

Alexander ficou apavorado com a instrução de se praticar o genocídio. Ele perguntou para mim: "Qual é a sua sugestão?" (às vezes é bem útil ter uma mãe que seja uma especialista bíblica). Ele também fez a mesma pergunta para o pai (deve ser útil também ter um pai que ministra cursos na faculdade sobre o Holocausto). Aconselhamos que ele tivesse uma conversa com o nosso líder espiritual. Era com ele que devia conversar, e não queríamos que as pessoas pensassem que a explicação que Alexander estava para dar na sinagoga tivesse sido elaborada por nós.

Alexander foi pedir conselho com a irmã, que faz aniversário em junho e que recebeu a atribuição da *parashá* onde se encontra o capítulo 5 de Números, o "ritual quanto ao ciúme" que era imposto sobre qualquer mulher cujo marido achasse que ela tinha sido infiel a ele. A leitura da Haftará vinculada a esse texto equivale ao capítulo 13 de Juízes, que fala do nascimento de Sansão. Sara chegou à conclusão de que as pessoas que vincularam o capítulo 5 de Números com o capítulo 13 de Juízes eram machistas e injustas. Fico feliz de que ela tenha expressado sua opinião! Ela disse para o Alexander que, no caso de ele não gostar de algum texto, deve expressar sua opinião e depois decidir o que fazer.

Meu filho falou com o rabino, que o recomendou com sabedoria a dar uma olhada nos comentários judaicos. Para justificar sua própria interpretação, ele precisava saber o que os outros tinham dito na tradição judaica.

Meu marido e eu passamos para ele com alegria todos os livros e artigos que tínhamos a respeito desse assunto. Além disso, ele encontrou outros comentários na biblioteca da sinagoga. Ele não pôde observar nenhum sinal de aceitação nos autores que ele consultou, desde a antiguidade até o presente, mas só encontrou dúvidas com relação a esse texto.

Um comentarista sugeriu que essas palavras de Deuteronômio deveriam ser interpretadas de forma alegórica: devemos eliminar nossos instintos primitivos ou nossos maus pensamentos, com as sete nações de Canaã simbolizando o orgulho, a malícia, a ganância, e assim por diante. Outro comentarista interpretou essa passagem

INTRODUÇÃO

problemática à luz de um outro versículo e concluiu que ele significa que devemos lutar somente depois de ter tentado todas as outras opções e tiver risco de vida: "Quando vocês avançarem para atacar uma cidade, enviem-lhe primeiro uma proposta de paz" (Deuteronômio 20:10). Um terceiro comentarista observou que a Bíblia está falando somente de nações antigas e que isso não inclui Israel durante a monarquia: as guerras contra as populações de Canaã foram apenas para o passado e nunca devem ser vistas como modelo para o presente. Vários comentaristas observaram que o Talmude, que é um compêndio de ensinamentos judaicos dos primeiros séculos da nossa era, nunca apoia a guerra santa e se desdobra para reduzir qualquer tipo de guerra ao mínimo possível.

Entretanto, o grupo de comentaristas que Alexander achou mais útil afirmava que aquilo que foi classificado como a conquista ordenada em Deuteronômio e descrita no livro de Josué nunca tinha acontecido: além de não existirem provas arqueológicas de que essa conquista aconteceu, o próprio livro de Juízes contradiz essa ideia de um *blitzkrieg* [operação de guerra rápida e intensa] em plena Antiguidade. Conforme muitos leitores notaram, mesmo com Deuteronômio 7:2 afirmando: "Vocês as destruirão totalmente. Não façam com elas tratado algum, e não tenham piedade delas", o versículo seguinte instrui da seguinte forma: "Não se casem com pessoas de lá". Se os cananeus fossem exterminados, não haveria razão para que se proibisse o casamento misto. Em vez disso, essa abordagem sugeria que toda a narrativa de conquista nada mais é que o sonho de uma nação que tinha sido conquistada pela Babilônia, tentando criar recordações a respeito de um passado glorioso. Na verdade, a presença de uma mulher cananeia no capítulo 15 de Mateus indica que os membros dessa população original haviam sobrevivido.

Em sua *d'var Torah*, que é a interpretação que ele fez, Alexander anunciou à congregação: "Eu não gosto desse texto". Depois disso, ele prosseguiu: "mas tenho orgulho de pertencer a uma tradição que me permite questioná-lo". Tanto eu quanto o pai e a irmã dele ficamos orgulhosos dele.

A autoridade das Escrituras

Alguns leitores podem muito bem se posicionar contra todo e qualquer questionamento. Já tive alunos que me disseram que, pelo fato de o texto ser "a Palavra de Deus", não podemos discordar dele: tudo é ditado por Deus e, por causa disso, tudo é bom e santo. Já que o texto procede de Deus, não se pode imputar a ele nenhum pecado que conhecemos, sejam os antigos, como dar falso testemunho contra o próximo, quanto aqueles que foram reconhecidos com o passar do tempo, como o racismo, o machismo, e assim por diante. Em vez de discutir contra essa visão da autoridade bíblica, acho mais proveitoso observar que todos os textos precisam ser interpretados. As leis precisam de esclarecimento, as histórias sempre serão passíveis de várias interpretações. Por exemplo, as pessoas que possuíam um alto conceito de autoridade bíblica viam em Gênesis 1:26 as boas-novas de que toda a humanidade é portadora da imagem e da semelhança de Deus e observaram que Jesus tanto priorizou o mandamento de amar o próximo quanto a si mesmo (Levítico 19:18) como parte do "grande mandamento" (Mateus 22:39; Marcos 12:31; confira

INTRODUÇÃO

Romanos 13:9), quanto afirmou: "Façam aos outros o que vocês querem que eles lhes façam" (Mateus 7:12; Lucas 6:31). Portanto, eles concluíram que a escravidão era pecado, apesar de Jesus não a criticar e apesar de Paulo parecer a favor dela. Acreditar que um texto é divinamente inspirado não implica abandonarmos a nossa bússola moral no capítulo 1 de Gênesis para só pegá-la de volta no final de Apocalipse.

Por outro lado, podemos fazer uma distinção entre um texto que foi escrito para um tempo e um lugar específico de um texto que possui uma mensagem global e universal. Outros ainda podem ver o texto como uma obra humana, com todos os defeitos que nós, como seres humanos, possuímos. Um outro grupo também pode se basear no texto da forma que foi interpretado dentro da sua tradição em particular: por exemplo, os católicos possuem ensinamentos diferentes sobre alguns temas dos ortodoxos gregos, dos luteranos, dos presbiterianos, dos episcopais [anglicanos], e assim por diante; todos possuem fontes legítimas.

Nunca podemos entender de forma completa o significado de algum texto bíblico em particular. Podemos propor hipóteses educadas a respeito daquilo que Jesus fez e disse, mas não temos acesso direto a ele; em vez disso, somente dispomos das lembranças, distorcidas, como elas sempre são, daquilo que os escritores dos Evangelhos, que não são necessariamente testemunhas oculares, registraram. Além disso, Jesus falou em aramaico, o Novo Testamento está escrito em grego, e estamos lendo em nossa língua. (Por todo este livro, estou trabalhando com a Nova Versão Internacional, que é a tradução utilizada por muitas igrejas tradicionais nos EUA).

Podemos trazer propostas educadas sobre como os leitores iniciais de Marcos, ou o Teófilo de Lucas, a quem o Evangelho e o livro de Atos foram dedicados, podem ter entendido algumas passagens em particular considerando o cenário da sua vida. Um senhor de escravos rico pode ter um entendimento diferente de uma mensagem sobre a escravidão daquilo que uma escrava entenderia; um judeu pode ouvir as referências de um "filho do Diabo" de forma diferente de um gentio. Além disso, de forma inevitável, qualquer leitor do século 21 fará perguntas diferentes e receberá respostas diferentes de um leitor do primeiro século.

Existe uma liberdade abençoada em tudo isso. Já que esse texto deve ser considerado Escritura — não somente como uma forma de literatura antiga como as obras de Homero, de Platão ou de Virgílio, mas como uma Escritura por excelência, um texto que ajuda a formar e manter uma comunidade —, ele necessariamente carrega uma mensagem desde o passado até o presente e tem de fazer sentido para nós no presente. Por causa disso, precisamos abordar esses textos para encontrar a leitura que fornece boas notícias. Além disso, precisamos garantir que o evangelho de amor não seja ouvido como um Evangelho que nos torne falsos, neuróticos, horríveis, chorões ou intolerantes.

Antes de começar, aconselho que respire fundo. Esses textos são difíceis, e a jornada pode ser traiçoeira. Entretanto, se você perseverar, as recompensas serão enormes!

Capítulo 1

VENDA TUDO O QUE VOCÊ POSSUI

Jesus olhou para ele e o amou. "Falta-lhe uma
coisa", disse Ele. "Vá, venda tudo o que você possui e
dê o dinheiro aos pobres, e você terá um tesouro no
céu. Depois, venha e siga-me".

MARCOS 10:21

O Evangelho de Marcos registra uma história curta a respeito de um homem rico que foi ao encontro de Jesus na estrada. Ao correr em sua direção e se ajoelhar diante dele, essa pessoa perguntou: "Bom mestre, que farei para herdar a vida eterna?" (Marcos 10:17). Agindo como de costume, Jesus respondeu a essa pergunta com outra pergunta: "Por que você me chama bom? Ninguém é bom, a não ser um, que é Deus" (10:18). (Essa prática de responder uma pergunta com outra às vezes é chamada de "método socrático". Acho que Sócrates aprendeu isso com os judeus; o meu rabino faz a mesma coisa).

Jesus continuou a responder à pergunta desse homem recitando a segunda parte do Decálogo, as "Dez Palavras" (no grego: *deca*, "dez" e *logos* "palavra"), que também é conhecido como os Dez

DECIFRANDO AS PALAVRAS DIFÍCEIS DE JESUS

Mandamentos. Ele diz: "Você conhece os mandamentos: 'não matarás, não adulterarás, não furtarás, não darás falso testemunho'", e depois, antes de recuar para o quinto mandamento, Ele inseriu um mandamento que tecnicamente não faz parte dos famosos Dez Mandamentos. Jesus disse: "Não enganarás ninguém" (10:19).

O homem que fez a pergunta, provavelmente com uma ponta de orgulho (não existe propriamente um "mandamento" contra o orgulho, embora o livro de Provérbios frequentemente avise contra essa falta), respondeu: "Mestre" (agora ele deixou de lado a palavra "bom" — esse rapaz parecia ser ensinável), "a tudo isso tenho obedecido desde a minha adolescência" (10:20). Não existe razão para duvidar dele; suspeito que a maioria de nós possui a tendência de ver a si mesmo como uma pessoa que obedece às leis, que se mantém no caminho reto. Entretanto, algo o estava incomodando, e, como Jesus é uma pessoa que conhece a natureza humana de forma excelente, o Mestre sabia disso.

Enquanto olhava para o homem, Jesus "o amou" (10:21). Devemos nos deter um pouco no detalhe que Ele o estava observando: Jesus estava lendo a expressão facial desse homem e a sua linguagem corporal. Esse companheiro precisava tanto das palavras de Jesus quanto o homem que sofria de lepra no capítulo 1 de Marcos e a mulher com fluxo de sangue do capítulo 5 desse mesmo Evangelho. Ele parecia padecer de uma "doença da alma" e não encontrou nenhum médico que pudesse curá-lo, tampouco encontrou um mestre que lhe desse as respostas que ele buscava. Na verdade, sua pergunta sobre a vida eterna consistia em uma pergunta a respeito da morte.

VENDA TUDO O QUE VOCÊ POSSUI

Jesus amava esse homem — e esse é o único momento em que Marcos menciona o amor de Jesus por alguém em particular. O Evangelho de Marcos é econômico em suas referências ao amor, tanto que essa palavra aparece somente em outros três versículos: uma na citação da famosa frase de Deuteronômio 6:5: "Ame o Senhor, o seu Deus, de todo o seu coração, de toda a sua alma, de todo o seu entendimento e de todas as suas forças", outra na citação igualmente famosa de Levítico 19:18: "Ame o seu próximo como a si mesmo" (12:31), e duas vezes mais como comentário dessas duas citações bíblicas (12:33). Como é impressionante que a única pessoa que Jesus ama de forma clara seja esse homem sincero, que acaba sendo, pelo menos dentro da narrativa de Marcos, um discípulo fracassado.

Jesus diagnosticou o problema e percebeu o que estava faltando na vida desse homem. Ele disse: "Falta-lhe uma coisa". Jesus sabia que o coração humano possui várias necessidades e que o evangelho não equivale a um modelo genérico. As pessoas são chamadas para tarefas diferentes, como Paulo escreveu para suas congregações: existem apóstolos, profetas, operadores de maravilhas, pessoas com dons de curar, aqueles que têm o dom de prestar ajuda, os que têm dons de administração e os que falam diversas línguas, aqueles que evangelizam, pastoreiam, e assim por diante (1Coríntios 12:28-29; Efésios 4:11). Cada função é compensadora, e cada uma delas ajuda a edificar e apoiar a comunidade. Todos nós possuímos dons e necessidades diferentes.

Para lidar com o vazio que esse homem sentia, curar sua doença da alma, Jesus aumentou essa sensação de vazio de forma paradoxal quando deu a seguinte instrução: "Vá, venda tudo o que você possui e dê o dinheiro aos pobres" (10:21a). O homem sentia que algo estava faltando, e o primeiro gesto de Jesus foi fazer esse vazio se tornar algo palpável. Uma coisa é sentir um vazio na alma ou no coração; outra coisa é experimentar um vazio no bolso ou na conta bancária.

Jesus passou a lhe dizer o que ele precisava, e isso não incluía exatamente refletir sobre a vida eterna. Em vez disso, ele precisava primeiro abandonar o seu foco nos seus tesouros na terra — suas propriedades, seus investimentos e o seu Mamom — ajuntando tesouros no céu. Em segundo lugar, depois de se desfazer de seus bens terrenos, ele deveria ser o tipo de discípulo que segue a Jesus pelo caminho. Ele disse: "Depois, venha e siga-me" (10:21).

Essa história não possui um final feliz. A pessoa que veio fazer a pergunta ficou *extremamente* chocada! O simples fato de pensar em liquidar uma grande propriedade já é assustador: Jesus não pediu a ele que "desse o que tinha para os pobres", mas para *vender tudo* e depois distribuir o dinheiro. Vender o que se tem exige avaliar monetariamente os seus bens, reservando o tempo necessário para refletir o seu valor. Depois de definir esse valor, temos uma noção melhor daquilo que estamos abandonando.

Acho que esse homem era solteiro. Os seus pais, que ele amava, provavelmente tinham morrido; ele não tinha nenhuma mulher para pensar (ou mesmo mulheres, já que a sociedade praticava a poliginia), nem mesmo filhos. Se ele tivesse uma família, não teria tanta preocupação a respeito de herdar a vida eterna, uma vez que poderia

VENDA TUDO O QUE VOCÊ POSSUI

manter sua memória por meio de seus filhos e de seus netos. Também tenho a impressão de que ele era solteiro porque, se ele tivesse uma família, o gesto de abandonar as riquezas colocaria sua esposa e os seus filhos na miséria.

Jesus olha para os seus discípulos — aqueles que não o abandonaram — e anuncia: "Como é difícil aos ricos entrar no Reino de Deus!" (10:23). Podemos até nos animar, já que "difícil" não significa "impossível". Os discípulos ficaram *admirados* (outras versões traduz como "perplexos" ou "espantados"). Consigo imaginar o queixo dos discípulos caindo. Jesus, sabendo da dificuldade que eles tinham para entender o que Ele estava dizendo, já que Ele conhecia o coração do candidato a discípulo, afirma a mesma coisa com outras palavras. Detalhando de uma forma tão minuciosa que até mesmo os discípulos — no Evangelho de Marcos, eles não são retratados como as pessoas mais espertas da região, ou mesmo como os melhores estudantes do seminário — pudessem entender, Jesus explica: "Filhos, como é difícil entrar no Reino de Deus!" (10:24). Ele passou a classificar esse gesto possível, porém difícil, como algo impossível. Aqui em Marcos 10:25, Jesus proclama o provérbio famoso: "É mais fácil passar um camelo pelo fundo de uma agulha do que um rico entrar no Reino de Deus".

Em vez de pedir que Jesus explicasse tudo isso, os discípulos começaram a se perguntar: "Neste caso, quem pode ser salvo?". Eles deveriam, como é comum entre discípulos, ter perguntado isso diretamente a Jesus. Já que é impossível que o camelo passe pelo fundo da agulha, essa pergunta parece bem apropriada. Embora os discípulos não a tivessem proferido, Jesus traz uma palavra de consolo voltando à ideia de que isso é algo difícil, mas não impossível. "Para o homem é impossível, mas para Deus não; todas as coisas são possíveis para Deus" (10:27). Em seguida, Pedro afirma para Jesus: "Nós deixamos tudo para seguir-te" (10:28). (Acho que ele ainda ficou com a casa dele em Cafarnaum, embora quem sabe ela tenha pertencido à sua sogra.)

A passagem de Marcos levanta inúmeras questões. Entre elas, começamos com a identidade dessa pessoa que Jesus amava. Será que podemos avaliá-lo de forma diferente se soubéssemos de sua idade ou sobre como ele obteve os seus muitos bens? Qual teria sido o seu destino, já que a última coisa que ficamos sabendo dele é que se afastou de Jesus, aparentemente para cuidar de seus "muitos bens"? Será que nos identificamos com ele, o homem que aparentemente tem de tudo, ou nos identificamos mais com os pobres, descalços e famintos? De fato, por que somente nessa passagem Marcos indica que Jesus amava alguma pessoa em particular, e porque *justo esse* homem, esse discípulo aparentemente fracassado?

O segundo ponto a avaliar é a sua saudação a Jesus como "Bom Mestre" e a rejeição que Jesus faz de ser chamado de alguém "bom"? Será que "Mestre por excelência" seria um bom título para Jesus ou será que "senhor" e "rabino" teria sido melhor? O que a palavra "bom" revelaria com relação a alguém querer "ser bom" ou seguir a Torá?

Em terceiro lugar, como podemos entender o modo peculiar pelo qual Jesus cita os Dez Mandamentos? Ele não somente acrescenta o mandamento de "não enganar a ninguém", mas também coloca o quinto mandamento de honrar pai e mãe por último. A quarta pergunta é a razão pela qual Jesus diz ao homem para vender tudo o que tem.

Por fim, como devemos aplicar a declaração sobre o camelo e a agulha, e como ela se relaciona com a ideia de que todas as coisas são possíveis para Deus?

As respostas dependem em grande parte de como entendemos esse candidato a discípulo e de como entendemos a nós mesmos.

O homem que fez a pergunta

Tenho uma simpatia por esse personagem. Gosto de pessoas que fazem perguntas e que têm coragem de procurar os professores, ou os cientistas, ou os advogados que podem ter a resposta certa. Quando era pequena, meu pai costumava pedir para lhe trazer um dos volumes de sua *Enciclopédia Judaica* uma hora antes de eu ir para a cama. Ele sempre tocava uma ópera no seu aparelho de som (Puccini, Vivaldi, Rossini, mas nunca tocava Wagner) e depois dizia: "Diga-me uma palavra que começa com a letra…", dependendo da letra inicial dos verbetes que faziam parte do volume que ele tinha em mãos. Depois, ele passava a ler a respeito dessa palavra, que geralmente se tratava de um nome (o primeiro volume era ótimo para personagens bíblicos: Adão, Abel, Abraão, Abimeleque, Abigail, Amós). Uma vez eu perguntei pelo nome "Amy-Jill". Meu pai me respondeu: "Esse nome ainda não faz parte da enciclopédia".

Marcos não nos dá muitos detalhes a respeito desse candidato a discípulo, só diz que ele possuía muitas propriedades. Podemos vê-lo com uma pessoa privilegiada que estava acostumada a ter o que queria. Na versão de Marcos, que é mais longa do que os relatos de Mateus e de Lucas, ele veio correndo para Jesus e se ajoelhou diante dele. Jesus não estava em uma casa, nem em uma sinagoga, onde ele poderia receber as pessoas que precisavam ser curadas ou ser libertas de espíritos malignos, ou mesmo ser abençoadas, receberem uma palavra de sabedoria, um lugar onde os discípulos pudessem afastar as pessoas que passavam por ali. Ele estava em trânsito, a caminho, e o homem o fez parar se ajoelhando na sua frente. Ele não deu nenhuma chance para que Jesus decidisse se poderia ouvi-lo ou não. Ele seria ouvido de qualquer maneira.

Mateus e Lucas, ao contarem a mesma história, fornecem mais detalhes, ao mesmo tempo que omitem alguns que estão no relato de Marcos. Vemos em Mateus 19:20,22 que se tratava de um "jovem". Esse detalhe torna o personagem mais simpático: esse "jovem" não possui uma posição socialmente responsável; não havia quem fosse dependente dele; ele não possuía nem mulher nem filhos. Quem sabe ainda precisasse conquistar a reputação que queria, seja para obter lucros ou mesmo para ser visto como uma pessoa religiosa. Talvez ele tenha sido levado pelo idealismo da juventude, o senso de que ele pode consertar o mundo rapidamente com uma faixa de protesto, sentando-se na frente do escritório do diretor da faculdade ou fazendo uma postagem no momento certo. Ele também tem tempo para crescer em sabedoria caso desenvolve a capacidade de ser paciente.

VENDA TUDO O QUE VOCÊ POSSUI

Não fica claro por que esse "jovem" estaria preocupado com herdar a vida eterna. Muitos jovens que conheço são destemidos: já que querem viver a vida ao máximo, eles não estão lá tão preocupados com esse assunto. Alguns possuem um senso de imortalidade, ou de anos vindouros. Por que deixar o agito agora enquanto existe tanta coisa para se ver e fazer? Pode ser que ele tinha tido alguma experiência próxima com a morte. Talvez os seus pais tivessem acabado de morrer, e ele estava se sentindo vulnerável, ou teve que encarar o fato de que um dia a morte bateria em sua porta. Esse jovem pode nos fazer parar um pouco para pensar a respeito de quanto tempo ainda temos pela frente e a que gostaríamos de nos dedicar nos dias que nos restam.

Lucas identifica essa pessoa de modo diferente chamando esse homem de *archōn*, uma palavra grega que é traduzida como "homem importante" ou "autoridade" (Lucas 18:18). Lucas gosta dessa palavra e a usa cinco outras vezes no Evangelho para se referir a pessoas de influência política ou econômica como Jairo, o *archōn* da sinagoga cuja filha Jesus ressuscitou (8:41), um *archōn* dos fariseus que recebe Jesus em um banquete (14:1); e os líderes locais de Jerusalém que Pilatos reúne com os chefes dos sacerdotes (23:13; cf. 23:35; 24:20). Podemos considerar como seus equivalentes modernos o rol de celebridades, as pessoas com capital social, que têm a atenção e o respeito da comunidade: os líderes econômicos, os médicos, os advogados, os atletas de elite, quem sabe os religiosos, os professores universitários (se é que temos essa sorte); em todo caso, sabemos quem eles são.

Além disso, Lucas (18:23) apresenta um acréscimo à observação de Marcos de que esse candidato a discípulo possuía "muitos bens" chamando-o de *plousios sphodra*, que quer dizer "extremamente rico". A palavra grega para "rico", *plousios*, é raiz de palavras como plutocrata e plutocracia. Essa autoridade extremamente rica poderia estar refletindo sobre a vida eterna porque tinha tudo o que poderia querer nessa terra. Ele herdou a boa vida de seus pais e agora quer mais. Em vez de diminuir a distância entre as pessoas que "têm" como ele e as pessoas que "não têm", que constituíam a maior parte da população, ele queria estar entre aqueles que "têm mais". Embora Marcos nos conte que Jesus amou aquele homem sincero que falou com ele, nem Lucas nem Mateus falam nisso.

A maneira pela qual entendemos esse homem que fez uma pergunta para Jesus dependerá, em parte, de como o identificamos. Será que achamos que ele tem quinze ou cinquenta anos? Será que ele é um filho de uma família rica que quer causar um impacto no mundo ou é em um empresário seguro que trabalhou por toda a vida, alcançou o sucesso nos padrões do mundo, mas ainda se sente vazio por dentro? Será que pensaríamos nele de forma diferente se soubéssemos que ele tinha uma esposa e uma família? Será que a história mudaria se essa pessoa fosse uma mulher?

A tradição mistura esses três relatos e, por causa disso, chama esse discípulo de "administrador jovem e rico". Imagino um herdeiro de uma família proeminente, formado nas escolas certas e membro de todos os clubes famosos. Nosso candidato a discípulo sente a necessidade de se superar, de fazer mais do que se espera dele. Ele

VENDA TUDO O QUE VOCÊ POSSUI

busca um desafio novo, e ao mesmo tempo quer chegar ao sucesso sem se esforçar além da conta.

Também vejo esse jovem como alguém que conhecia a reputação de Jesus como um mestre que curava e que supõe que Jesus responderia sua pergunta dizendo: "Você está indo muito bem, meu rapaz, parabéns! Continue o bom trabalho e você não terá problemas para viver tanto nesse mundo quanto no reino dos céus". Ele quer o reconhecimento, a aclamação. Entretanto, em outros momentos eu o vejo com um sentimento de vazio na vida, pensando que Jesus podia dar a resposta que ele estava buscando.

"Bom Mestre..."

Para Marcos, Jesus é o mestre por excelência. De início, já lemos em 1:22 que as pessoas na sinagoga de Cafarnaum ficavam "maravilhados com o seu ensino, porque lhes ensinava como alguém que tem autoridade e não como os mestres da lei" (veja também Mateus 7:29, onde o mesmo comentário descreve a reação da multidão ao Sermão do Monte). Isto é, Jesus não falava daquilo que tinha aprendido de outros mestres, como faziam os escribas; ele falava por si mesmo. As multidões ficavam ainda mais maravilhadas com o seu ensino quando perceberam que até mesmo os espíritos imundos o obedeciam (1:27), escutaram o seu ensino por meio de parábolas (4:2), e as outras pessoas o identificavam como "Mestre". Os discípulos o chamaram de "Mestre" enquanto ele estava dormindo no barco durante uma tempestade e estavam com medo de naufragar (4:38); os amigos de Jairo e da sua esposa chamaram Jesus de Mestre, para dizer que ele não deveria ser incomodado, já que a filha deles tinha morrido (5:35). Jesus dedica sua vida para ensinar nos povoados da Galileia (6:6). Poucos versículos antes da declaração problemática a respeito de economia que estamos estudando, um homem gritou no meio da multidão para Jesus: "Mestre, eu te trouxe o meu filho, que está com um espírito que o impede de falar".

Há outras duas referências ao ensino e ao Mestre antes da história que estamos examinando: Em Marcos 9:31, Jesus ensinou os seus discípulos que ele seria traído e morto, mas que acabaria ressuscitando. Por fim, em Marcos 9:38, o discípulo João disse para Jesus: "Mestre, vimos um homem expulsando demônios em teu nome e procuramos impedi-lo, porque ele não era um dos nossos".

O título "Mestre" e o verbo "ensinar" continuam aparecendo por todo esse Evangelho. Cito esses exemplos porque eles nos dizem algo a respeito do tipo de Mestre que Jesus é. O Evangelho de Marcos não apresenta nem o Sermão do Monte (evitem dizer Sermão da Montanha) que encontramos em Mateus, nem o Sermão da Planície que encontramos em Lucas. Na verdade, fora do capítulo 4, onde Marcos apresenta uma coletânea de parábolas, encontramos pouco material de ensino em Marcos. No Evangelho de Marcos, o ensino de Jesus é ministrado mais na prática: nas curas, no exorcismo, na mensagem de esperança para os pais cujos filhos estavam doentes, no resgate dos discípulos em situações com risco de morte. Seu ensino é apresentado mais por meio do exemplo do que pelas palavras, mais pelos gestos do que por discursos.

Nosso perguntador chama Jesus de "Bom Mestre". Se ele tivesse prestado atenção em Jesus, saberia, a partir do seu exemplo de vida, que ele ainda tinha muito a aprender. Já teria a noção de que os discípulos tinham deixado suas famílias. Ficaria sabendo que Jesus não aceitava dinheiro por suas obras de cura. Até mesmo teria ouvido Jesus dizer a seus discípulos, como no capítulo 8, que era necessário "que o Filho do homem sofresse muitas coisas e fosse rejeitado pelos líderes religiosos, pelos chefes dos sacerdotes e pelos mestres da lei, fosse morto e três dias depois ressuscitasse" (Marcos 8:31). De forma surpreendente, Marcos passa a observar que, depois de oito capítulos de parábolas e de outras declarações enigmáticas, naquele momento Jesus estava falando "claramente a esse respeito" (Marcos 8:32).

Não fica claro a partir do relato de Marcos se "Mestre" consistiria no melhor título para Jesus. Notem que não estou desprezando a pedagogia. Sou professora universitária e considero o ensino como uma profissão honrada. Mesmo assim, apesar de todo conhecimento teórico que alguém possa ter, as lições concretas da vida se aprendem menos na sala de aula da faculdade do que nas interações que temos uns com os outros, nas conversas, nas salas de emergência e nos mercados, nos cultos de escola dominical, nos grupos de costura, nos estádios de futebol, em casa, e agora nos aplicativos de ensino a distância. Para o Jesus retratado por Marcos, o ensino mais importante consiste na prática: o resgate, ou na verdade a salvação — com todas as conotações desta palavra — e libertação dos demônios, da doença e da morte.

DECIFRANDO AS PALAVRAS DIFÍCEIS DE JESUS

Quando alguém chamava Jesus de "Mestre" no Evangelho de Marcos, geralmente era porque havia surgido algum problema com o tipo de ensino que se esperava na época, porque o título tendia a ser dito com um sentido de dúvida ou de limitação. Por exemplo, em Marcos 4:38, a primeira vez que se usa essa palavra, os discípulos — que eram pessoas acostumadas com o mar — entraram em pânico quando o barco em que eles estavam enfrentou em uma tempestade. Jesus estava dormindo no barco e claramente permanecia alheio a ela, mas os discípulos o acordam e perguntam: "Mestre, não te importas que morramos?". Com certeza ele se importava, e com certeza eles não morreriam. Se eles tivessem pensado em Jesus como "Senhor", e não somente como "Mestre", provavelmente se sentiriam mais seguros. Se eles tivessem lembrado da própria competência deles no controle do barco, teriam deixado Jesus dormir um pouco mais.

No próximo capítulo, enquanto Jesus está indo para a casa de Jairo, o *archōn* da sinagoga, algumas pessoas dizem para este: "Sua filha morreu. Não precisa mais incomodar o mestre!" (5:35). Se eles tivessem pensado em Jesus como "Senhor" em vez de pensar nele como mestre, poderiam ter dito a Jairo para ter fé em vez de desistir. Surgem problemas parecidos com a maioria das pessoas que usa a palavra "Mestre" para pedir alguma coisa, como se pode ver, por exemplo, em Marcos 9:17,38; 10:35; 12:14,19; e 13:1. A ideia de Marcos é que, se nos limitarmos a pensar em Jesus como um grande mestre, acabamos nos esquecendo da coisa mais importante sobre ele: que, de acordo com o Evangelho de Marcos, ele sofreu e morreu em resgate de muitos (Marcos 10:45).

De modo parecido, se olharmos para Ele somente como o "homem das respostas", também perderemos o foco, porque Jesus não traz uma série de respostas para todas as perguntas. Talvez precisemos fazer a mesma pergunta com outras palavras; as respostas que buscamos podem não ser as de que precisamos; e as respostas de que precisamos aos seis anos de idade não são necessariamente as mesmas de quando temos sessenta anos.

A Bíblia é mais um livro que nos ajuda a fazer as perguntas certas do que um livro de respostas prontas. (Já defendi isso em outras publicações, mas vale a pena repetir). Jesus, especialmente no Evangelho de Marcos, não se ocupa em responder todas as perguntas.

Ele traz mais mistérios admiráveis do que simples explicações. Ele possui os atributos de Deus, porque pode perdoar pecados, controlar o tempo, ressuscitar os mortos e andar sobre as águas. Mesmo assim, "não conseguiu" fazer maravilhas em Nazaré por causa da "incredulidade" do povo (Marcos 6:5-6). Além disso, ele dá esse brado na cruz: "Meu Deus, meu Deus! Por que me abandonaste?" (Marcos 15:34; cf. Mateus 27:46, que é uma citação de Salmos 22:1). Jesus ensina mostrando que ele entende o sofrimento e afirmando que o sofrimento não equivale ao fim da estrada. Ele ensina com sua morte, e, no Evangelho de Marcos, deixa para o leitor o desafio de perseverar partindo do túmulo vazio para a vida abundante.

"Que farei para herdar a vida eterna?"

O perguntador que estamos estudando chama a Jesus de "Mestre" porque quer saber a resposta para sua dúvida: "Que farei para herdar

DECIFRANDO AS PALAVRAS DIFÍCEIS DE JESUS

a vida eterna?" (Marcos 10:17). Essa não é a única vez que alguém no Evangelho propõe essa pergunta. Em seguida à Parábola do Bom Samaritano em Lucas 10:25, um perito na lei busca testar Jesus com a seguinte pergunta: "O que preciso fazer para herdar a vida eterna?". A formulação dessa pergunta poderia servir como uma armadilha, justamente o que o verbo "testar" dá a entender (a palavra no grego para "testar" é a mesma que é traduzida como "tentar" que está presente na frase "não nos deixe cair em tentação").

Nesta cena de Lucas, Jesus responde com uma pergunta (usando o mesmo método socrático): "O que está escrito na Lei? Como você a lê?" (Lucas 10:26). O perito não escolhe ler algum dos Dez Mandamentos, mas opta por Deuteronômio 6:5, que fala sobre o amor de Deus e Levítico 19:18, que fala sobre o amor ao próximo. Jesus lhe diz: ""Você respondeu corretamente", e logo muda o destaque da vida eterna para o presente dizendo: "Faça isso, e viverá", em vez de dizer "Faça isso, e você herdará a vida eterna". Jesus se importa mais com o quanto amamos o nosso próximo como a nós mesmos do que com a sugestão de que tudo o que precisamos fazer é obedecer a algum mandamento em especial.

Dizer que basta guardar algum mandamento não passa de um equívoco. Seguir a Torá (a Lei) não consiste em assinalar uma lista de verificação; trata-se de um estilo de vida. Esses vários "mandamentos positivos" como honrar aos pais e cuidar das pessoas vulneráveis da sociedade (a lista tradicional inclui o pobre, a viúva, o órfão e o estrangeiro) não se constituem em coisas que se fazem uma vez só e não se fala mais nisso, mas em um modo de vida. O mesmo princípio se aplica para os "mandamentos negativos". A vida eterna não é algo que se "ganha", como se fosse uma corrida ou mesmo uma graduação para a qual se precisa completar, ou mesmo um salário que é ganho por trabalhar 24 horas por dia e sete dias por semana.

Não sou fã desse perito da lei em Lucas nem da pergunta dele. Não gosto de perguntas que são feitas para expor quem responde ou para colocar essa pessoa em alguma situação embaraçosa.

Entretanto, vejo com bons olhos esse homem descrito no Evangelho de Marcos. Por um lado, ele estava sendo egoísta ou até mesmo mórbido. Ele não estava interessado em ser liberto dos demônios, como o homem nu que vivia nos sepulcros; nem estava focado em livrar seu filho da morte, do mesmo modo que Jairo. Ele era rico, saudável e autoconfiante. Tinha dinheiro no banco e queria garantir que tinha uma reserva para o grande cofre do céu. Ele tem riquezas, e agora ele quer "herdar" (o que não deixa de ser uma metáfora monetária) mais do que isso. Ele só pensa em si mesmo e pronto! Não sei se deixaria esse tipo namorar minha filha.

Por outro lado, pensar em si mesmo não é algo ruim; pelo contrário, é uma coisa necessária. Não podemos cuidar de ninguém se não cuidarmos de nós mesmos. Conforme a declaração atribuída a Hillel diz: "Se eu não for por mim, quem será por mim? E se estou apenas para mim, o que sou eu? E se não agora, quando?" (Ética dos Pais 1:14). Advogar em causa própria é uma coisa boa, desde que tenhamos cuidado em avaliar o que necessitamos, quando precisamos disso, de quem podemos receber e a quem devemos recorrer. Quando estamos na pobreza, precisamos pedir dinheiro. Quando estamos sofrendo, precisamos pedir algo que venha trazer alívio a esse sofrimento. Quando perdemos algum ente querido, precisamos pedir tempo e consolo. Entretanto, quando estamos com saúde e com muita riqueza, também precisamos ser sábios.

Se eu tivesse a chance de perguntar algo para Jesus, o meu primeiro pensamento não seria falar sobre herdar a vida eterna. Eu já teria a ideia de que isso está nas mãos de Deus. O livro de Daniel afirma: "Multidões que dormem no pó da terra acordarão: uns para a vida eterna [em hebraico, *l'chaye olam*; quem gosta de "Um violinista no telhado" pode lembrar da música "*L'chayim*, à Vida"], outros para a vergonha, para o desprezo eterno. Aqueles que são sábios reluzirão como o brilho do céu, e aqueles que conduzem muitos à justiça serão como as estrelas, para todo o sempre" (Daniel 12:2-3). A Mishná afirma que "todo o Israel tem uma parte no mundo vindouro" (m. Sanhedrin 10:1). O Deus proclamado pelo judaísmo e que, por causa disso, foi proclamado por Jesus, é um Deus de misericórdia e de compaixão. Para aqueles dentre nós que pecam, e é certo que todos nós pecamos, existe a chance e o incentivo para o arrependimento.

O que perguntaríamos a Jesus se tivéssemos a chance de lhe fazermos uma pergunta?

"Por que você me chama bom? Ninguém é bom, a não ser um, que é Deus"

Muitos dos meus alunos não gostam desse versículo. Por verem Jesus como divino, a Segunda Pessoa da Trindade, ou seja, como o próprio Deus, eles se opõem à ideia de que Jesus não deve ser chamado de bom. Eles não estão sozinhos. O evangelista Mateus, que também

VENDA TUDO O QUE VOCÊ POSSUI

ficou incomodado com esse rebaixamento aparente de Jesus, mudou a pergunta para: "Por que você me pergunta sobre o que é bom?" (Mateus 19:17).

Eu tenho minhas dúvidas sobre se Jesus estaria julgando esse homem de forma negativa: os alunos podem errar nas palavras de uma pergunta, mas isso não faz com que eles se tornem pessoas más ou estúpidas. Estamos no meio de uma aula. Jesus estava querendo ensinar algo a respeito de si mesmo.

A Epístola aos Hebreus afirma que Jesus é um sumo sacerdote que não somente é capaz de "se compadecer das nossas fraquezas", mas também "passou por todo tipo de tentação, porém, sem pecado" (Hebreus 4:15). De acordo com essa epístola, Jesus não peca. Entretanto, de acordo com os Evangelhos, Ele pode aprender, crescer em maturidade e crescer em empatia. Lucas nos conta que "Jesus ia crescendo em sabedoria, estatura e graça diante de Deus e dos homens" (Lucas 2:52). O capítulo 7 de Marcos (e veja o capítulo 3 deste livro) relata que uma mulher siro-fenícia fez Jesus mudar de ideia: primeiro Ele se recusou a realizar um exorcismo em sua filha, mas, quando ela retrucou as suas palavras, Ele disse: "Por causa desta resposta, você pode ir; o demônio já saiu da sua filha" (Marcos 7:29).

Nesse ponto, a leve repreensão de Jesus nos faz retornar à pergunta do candidato a discípulo. Não podemos escolher a nosso bel-prazer qual mandamento devemos seguir ou quando devemos fazer isso. A nossa preocupação não deve ser tanto sobre se estamos sendo "bonzinhos" ("bom mestre", "bom pastor", "bom jardineiro", "bom enfermeiro", e assim por diante), mas se a cada dia agimos a favor do bem. Entretanto, se nos afastarmos do caminho, nós nos arrependemos, nos consertamos e seguimos em frente.

"Você conhece os mandamentos: 'não matarás, não adulterarás, não furtarás, não darás falso testemunho, não enganarás ninguém, honra teu pai e tua mãe".

Aquele que veio fazer a pergunta para Jesus não precisava perguntar o que deveria fazer. Ele já sabia, conforme Jesus destaca: "Você conhece os mandamentos". Para a grande maioria das pessoas, basta fazer a nossa parte nas obrigações pactuais. A nossa função não é brincar de Deus; pelo contrário, devemos ser as melhores pessoas que pudermos, e, para os judeus, isso significa ficar atento à Palavra de Deus, que é transmitida mediante as Escrituras, interpretada pela comunidade, sempre considerando os mandamentos mais importantes do capítulo 6 de Deuteronômio (quanto ao amor a Deus) e o capítulo 19 de Levítico (quanto ao amor ao próximo e ao estrangeiro), bem como os Dez Mandamentos (o capítulo 20 de Êxodo). Posteriormente, o Evangelho reforça esses mandamentos mais importantes. Quando um escriba pergunta a Jesus qual dos 613 mandamentos é o maior, Jesus responde: "O mais importante é este: 'Ouve, ó Israel, o Senhor, o nosso Deus, o Senhor é o único Senhor. Ame o Senhor, o seu Deus de todo o seu coração, de toda a sua alma, de todo o seu entendimento e de todas as suas forças'. O segundo é este: 'Ame o seu próximo como a si mesmo'. Não existe mandamento maior do que este" (Marcos 12:29-31).

VENDA TUDO O QUE VOCÊ POSSUI

Ao relacionar para aquele que o perguntava vários dentre os Dez Mandamentos, Jesus não está dizendo: "Isso é tudo o que você precisa fazer" — Ele está citando alguns exemplos para representar todos eles. Podemos considerar isso uma lição com doze partes, uma para cada um dos Dez Mandamentos, uma para o amor a Deus e outra para o amor ao próximo. No entanto, a esta altura precisamos dar uma atenção diferenciada tanto para a substituição do mandamento "não cobiçarás" pelo mandamento "não enganarás ninguém", quanto a Ele ter deixado o amor aos pais no final da lista, em vez de mantê-lo no princípio dela.

O último mandamento do Decálogo é "Não cobiçarás a casa do teu próximo. Não cobiçarás a mulher do teu próximo, nem seus servos ou servas, nem seu boi ou jumento, nem coisa alguma que lhe pertença" (Êxodo 20:17). Se eu tivesse alguma chance de conversar com Moisés, faria uma sugestão para mudar um pouco as palavras. A linguagem parte do princípio de que a mulher seria um bem, comparável a um boi, uma caixa de ferramentas, ou mesmo um anel cor de rosa. Essas palavras dão a entender que a escravidão é normativa em vez de ser, como a maior parte da humanidade veio a perceber, uma abominação. O machismo e a escravidão desrespeitam a nossa natureza humana, que faz de cada um de nós imagem e semelhança de Deus.

Jesus substitui as palavras "Não cobiçarás" por "Não enganarás ninguém". *Cobiçar* e *enganar* não significam a mesma coisa. A cobiça é uma atitude; o engano é uma ação. A mudança é notável, tanto que Lucas (18:20) e Mateus (19:18) descartam a referência ao engano.

Seria bom pensar que Jesus descartou a cobiça porque achava o machismo e a escravidão abomináveis, mas não acho que essa seja a interpretação correta. Certamente havia outra razão para isso.

Para entender essa alteração, a primeira coisa que eu faço como especialista bíblica (sim, estou me exibindo, mas só um pouco) é entender a conotação do verbo *enganar* (as palavras gregas para "não enganar ninguém" é *mē apostērēses*) e ver em que outras passagens ele aparece. A concordância bíblica nos leva às epístolas de Paulo. Em 1Coríntios 6:7-8, Paulo acusa os crentes gentios de sua comunidade de enganar um ao outro, especialmente os colocando na justiça. Sendo assim, esse enganar soa como usar as minúcias do sistema judiciário para extorquir outras pessoas na comunidade: a lei pode até dar margem a isso, mas isso não está certo.

Dentre os vários usos dessa palavra, o mais importante a título de comparação aparece em Tiago 5:4: "Vejam, o salário dos trabalhadores que ceifaram os seus campos, e que por vocês foi retido com fraude [no grego: *apesterēmenos*, o mesmo verbo], está clamando contra vocês. O lamento dos ceifeiros chegou aos ouvidos do Senhor dos Exércitos". Para esta carta, que apresenta várias semelhanças ao Sermão do Monte e que provavelmente contém boas recordações daquilo que Jesus ensinou, o engano é a prática do rico proprietário de terras, e as vítimas são os trabalhadores diaristas.

Em seguida, a busca de palavras me leva à Septuaginta, a tradução grega das Escrituras Hebraicas, e para o último dos doze Profetas Menores. Lemos em Malaquias 3:5: "'Eu virei a vocês trazendo juízo. Sem demora vou testemunhar contra os feiticeiros, contra os adúlteros, contra os que juram falsamente e contra aqueles que exploram os trabalhadores em seus salários, que oprimem [no hebraico o verbo é mesmo *oprimir*, mas no grego trata-se do mesmo verbo, *aposterountas*] os órfãos e as viúvas e privam os estrangeiros dos seus direitos, e não têm respeito por mim', diz o Senhor dos Exércitos". A Septuaginta especifica os tipos de opressão que Deus condena. A ideia se repete nos textos deuterocanônicos (os livros apócrifos do Antigo Testamento) de Jesus, filho de Siraque: "Filho, não recuses ao pobre o seu sustento, não desvies os olhos do miserável" (Eclesiástico 4:1).

Jesus conhecia a mente das pessoas, ou, melhor ainda, lia o coração delas. Quando Jesus "percebeu logo em seu espírito que era isso que eles [alguns escribas] estavam pensando [sobre quem pode perdoar pecados] e lhes disse: 'Por que vocês estão remoendo essas coisas em seus corações?'" (Marcos 2:8). Além disso, quando Jesus disse em Mateus 6:24 (compare com Lucas 16:13): "Vocês não podem servir a Deus e ao Dinheiro" (em aramaico Mamom), Ele não estava brincando.

Não é necessária nem uma concordância nem uma leitura mental para saber algo a respeito de como a economia funciona, tanto naquela época como em grande parte nos dias de hoje. O rico fica cada vez mais rico e o pobre, cada vez mais pobre. Vemos o vínculo em Levítico 19:13 entre o engano e a exploração do trabalhador diarista: "Não oprimam nem roubem o seu próximo. 'Não retenham até a manhã do dia seguinte o pagamento de um diarista'". Essa preocupação se expressa novamente a respeito dos pobres que trabalham em Deuteronômio 24:14-15: "Não se aproveitem do pobre e necessitado, seja ele um irmão israelita ou um estrangeiro que viva numa das suas cidades. Paguem-lhe o seu salário diariamente, antes do pôr do sol, pois ele é necessitado e depende disso. Se não, ele poderá clamar ao Senhor contra você, e você será culpado de pecado". Desde a Torá até os Profetas e os livros sapienciais, o engano é vinculado aos ricos que exploram o trabalho dos pobres.

Sendo assim, será que Jesus sabia de onde esse homem rico obteve o seu dinheiro? Será que ele herdou de um pai ou de uma mãe que enganou outras pessoas? Será que ele agiu na legalidade, mas não de forma justa? Ao mudar o destaque do Decálogo, Jesus pergunta: Será que sabemos de onde veio a nossa herança ou como ela foi obtida? Uma maneira moderna de entender essa questão é fazer a seguinte pergunta: "Será que sabemos de onde vieram os nossos privilégios?". Será que podemos mesmo perceber isso?

A preocupação constante das Escrituras com relação aos socialmente vulneráveis sustentou a ideia de que os ricos eram pecadores. Em outras palavras: tanto a Bíblia como os textos deuterocanônicos escritos pelos judeus no período do Segundo Templo proclamam o contrário da teologia da prosperidade.

Já ouvi de vários cristãos que "Os judeus associam a riqueza com a justiça" (isso para mim é novidade) por causa de Deuteronômio 28:1-6 e Provérbios 10:22. Isso não passa de uma declaração equivocada, na verdade uma calúnia contra a tradição judaica. Essa passagem de Deuteronômio não fala sobre indivíduos, mas sobre as bênçãos que toda a comunidade do concerto encontraria se seguisse

VENDA TUDO O QUE VOCÊ POSSUI

a Torá, mas o próprio processo de seguir a Torá exige estender a mão para os pobres e acolher o estrangeiro. Ninguém considerava o pobre ou o estrangeiro menos justo de algum modo. Vemos a declaração em Provérbios 10:22: "A bênção do SENHOR traz riqueza, e não inclui dor alguma". A ideia não é traçar uma equivalência entre a riqueza e a justiça; pelo contrário, o versículo nos lembra de atribuir o nosso sucesso a Deus e, em segundo lugar, que não devemos nos desdobrar para adquirir ainda mais riqueza. Conforme diz o livro que não faz parte do cânon, mas que é muito popular, chamado de 1Enoque: "Quando morrerem na riqueza dos seus pecados, aqueles que são como vocês dirão a seu respeito: "Vocês, pecadores, são felizes! (Os pecadores) viram todos os seus dias. Eles acabaram de morrer na prosperidade e na riqueza. Não experimentaram nem dificuldades nem batalhas no seu tempo de vida [...]. Vocês mesmos sabem que eles levarão sua alma para o Sheol, e eles passarão por toda espécie de males e grande tribulação" (1Enoque 103:5-7).[1]

A segunda parte estranha do versículo do Evangelho de Marcos que estamos estudando é a colocação do mandamento de honrar os pais no último lugar da lista em vez do primeiro. Jesus já tinha citado esse mandamento em sua discussão com os fariseus sobre a lavagem ritual das mãos: "Pois Moisés disse: 'Honra teu pai e tua mãe', e 'quem amaldiçoar seu pai ou sua mãe terá que ser executado'" (Marcos 7:10).

---

[1] E. Isaac, "1 Ethiopic Apocalypse of Enoch", em James H. Charlesworth (ed.), *The Old Testament Pseudepigrapha* Vol.1 (Garden City, NY: Doubleday, 1983), p. 84.

Honrar aos pais é mais do que apoiá-los em sua idade avançada. Jeremias cita o velho ditado: "Os pais comeram uvas verdes, e os dentes dos filhos se mancharam" (Jeremias 31:29; cf. Ezequiel 18:2). Esse ditado também funciona na direção oposta. Quando os filhos se comportam de forma inadequada, o pai pode muito bem se sentir responsável. Hoje em dia, quando ouvimos falar de um filho preso por assalto ou tráfico de drogas, alguns de nós pensamos: "Esse aí não teve disciplina em casa", ou "É isso que acontece quando a mãe [sempre a mãe] trabalha fora". Independentemente do quanto amemos e sejamos exemplo de comportamento, independentemente de quanto tempo e esforço tenhamos dispendido para criar nossos filhos, eles sempre farão o que querem, e nem sempre tomam as decisões certas.

Uma questão que fica em aberto é se o candidato a discípulo que estamos estudando honrou completamente o seu pai e a sua mãe. Ele pode achar que sim, mas Jesus sabe os mandamentos e esse em particular fala a aquele que fez a pergunta de pelo menos duas maneiras. A primeira é que o quinto mandamento "honre o seu pai e a sua mãe" vem com um resultado: "Honra teu pai e tua mãe, a fim de que tenhas vida longa na terra que o Senhor teu Deus te dá" (Êxodo 20:12). O destaque dos mandamentos reside na vida atual, não no futuro depois da morte.

A segunda maneira é que acumular riquezas não é a melhor maneira de honrar os pais. Já que a tarefa dos pais é: "Ensine-as [essas palavras, isto é, a Torá que Deus deu a Moisés no monte Sinai] com persistência a seus filhos. Converse sobre elas quando estiver sentado em casa, quando estiver andando pelo caminho, quando se deitar e quando se levantar" (Deuteronômio 6:7, o versículo que vem depois de "Ame o SENHOR, o seu Deus, de todo o seu coração, de toda a sua alma e de todas as suas forças"), os pais devem ter ensinado a seu filho o restante de Deuteronômio, inclusive a seguinte passagem: "Sempre haverá pobres na terra. Portanto, eu lhe ordeno que abra o coração para o seu irmão israelita, tanto para o pobre como para o necessitado de sua terra" (15:11) e "Não se aproveitem do pobre e necessitado, seja ele um irmão israelita ou um estrangeiro que viva numa das suas cidades" (24:14). Para honrar seus pais, o candidato a discípulo deveria ser conhecido por suas boas obras, especialmente pelo seu cuidado com os pobres, e não por sua riqueza.

E ele declarou: "Mestre, a tudo isso tenho obedecido desde a minha adolescência".

Eu admiro a honestidade dele, e não acho que ele esteja exagerando. Paulo se descreve como tendo sido "quanto à justiça que há na lei, irrepreensível" (Filipenses 3:6b). Não é difícil obedecer aos mandamentos, e, se alguém sair do caminho, sempre existe a possibilidade do arrependimento.

Entretanto, a obediência aos mandamentos não equivale de forma exata a viver os mandamentos.

Nosso questionador, por sua vez, pode ter feito tudo o que se esperava dele de forma nominal, mas ele só pensava em si mesmo. Quando o Israel antigo aceitou a Torá, Moisés os ensinou, eles proclamaram: "Faremos fielmente tudo o que o SENHOR ordenou" (na

Almeida Corrigida diz: "obedeceremos"; Êxodo 24:7b). Esse gesto é comunitário. Não se pode obedecer a Torá sozinho, já que a Torá é necessariamente relacional: amar o próximo e o estrangeiro exige próximos e estrangeiros concretos. Costumamos cumprir o que a sociedade espera de nós, mas sempre podemos fazer mais do que isso.

Existe uma canção famosa com o refrão "Você já é bonita com o que Deus lhe deu". Entretanto, as pessoas mudam, os tempos mudam, e precisam mesmo mudar. De forma ideal, as pessoas crescem no amor. Se continuarmos como viemos ao mundo, ficamos estagnados, e o nosso amor também se arrisca a se estagnar. O verdadeiro amor se manifesta quando o amor cresce, e Jesus espera dessa pessoa que veio consultá-lo com vontade que ele vivencie esse crescimento.

Jesus olhou para ele e o amou. "Falta-lhe uma coisa", disse ele. "Vá, venda tudo o que você possui e dê o dinheiro aos pobres, e você terá um tesouro no céu. Depois, venha e siga-me". Diante disso ele ficou abatido e afastou-se triste, porque tinha muitas riquezas.

É somente nessa passagem que Marcos nos diz que Jesus amou alguém, e o objeto desse amor é um homem envolvido demais com o dinheiro para ter um compromisso com Jesus. Trata-se de uma observação linda! A ausência de uma entrega completa não faz de alguém uma pessoa menos digna de amor. Essa "ovelha perdida" (para pegar emprestado uma metáfora de Mateus a Lucas) ainda tem uma chance, e não é menos digna de amor do que as outras. Junto com esse amor vem a pena, a compaixão e a esperança.

O amor de Jesus — que é demonstrado por um olhar que não era suficiente para converter o coração do homem das riquezas para Deus — também é seguido por uma instrução. O amor é exigente. Jesus diagnosticou o senso que o homem tinha de que algo estava faltando. Ele diz ao homem que parece ter tudo que lhe faltava alguma coisa.

Esse vácuo fica subentendido no final da declaração: "Você terá um tesouro no céu". É isso que falta para ele! Sua vida confortável com a mesa cheia de alimento consistia em viver o céu na terra. Uma maneira de ajuntar tesouros no céu é dar esmolas. O livro de Tobias (que faz parte da literatura deuterocanônica, que também é classificada como os livros apócrifos do Antigo Testamento) afirma: "Boa coisa é a oração e o jejum, e melhor é a esmola com a justiça, do que a riqueza com a iniquidade. É melhor praticar a esmola do que acumular ouro. [...] Os que dão esmola terão longa vida" (Tobias 12:8-9).

Para esse candidato a discípulo, que somente ajuntou tesouros na terra, era necessária uma atitude drástica. O chamado de Jesus equivalia ao gesto de ele se despojar de tudo. Somente assim ele conseguiria ser discípulo, porque, conforme Jesus tinha instruído a multidão perto daquele dia: "Se alguém quiser acompanhar-me, negue-se a si mesmo, tome a sua cruz e siga-me" (Marcos 8:34). Ironicamente, o que falta para o nosso amigo é a abnegação.

Não dá para as palavras "venda tudo o que tem" serem aplicadas para todos, e Jesus não diz a todos que façam esse tipo de entrega. Se Ele desse a entender tal coisa, isso consistiria tanto em um gesto imoral quanto demonstraria uma atenção insuficiente à necessidade das pessoas. Dizer a um homem rico, sem dependentes, para se despojar das riquezas é uma resposta positiva e plausível, já que ninguém é prejudicado. Podemos pensar, por exemplo, sobre Francisco de Assis, que abdicou de sua posição privilegiada para assumir uma vida de pobreza e serviço. Dizer a um pai de muitos filhos, especialmente em uma família que já está precisando de comida ou de um lugar decente para morar, para dar tudo o que tem nada mais é que condenar esses filhos à pobreza e o cônjuge a uma vida mais difícil.

O dinheiro impede esse homem que fez a pergunta a Jesus de ter um compromisso completo com o Senhor. Para outros, a pedra de tropeço (a palavra grega é *skandalon*, que originou a palavra *escândalo*) é a fama ou o poder, a beleza ou a competição, o ego, o ciúme, e assim por diante. De todas essas preocupações, o dinheiro parece ser a mais perniciosa. O texto de Eclesiastes 5:10 observa que "quem ama o dinheiro jamais terá o suficiente; quem ama as riquezas jamais ficará satisfeito com os seus rendimentos. Isso também não faz sentido". Em Marcos 4:18-19, Jesus explica que as sementes que foram semeadas em meio aos espinhos são aqueles que "ouvem a palavra; mas quando chegam as preocupações desta vida, o engano das riquezas e os anseios por outras coisas, sufocam a palavra, tornando-a infrutífera". A mesma ideia vemos em 1Timóteo 6:10: "Pois o amor ao dinheiro é raiz de todos os males. Algumas pessoas, por cobiçarem o dinheiro, desviaram-se da fé e se atormentaram a si mesmas com muitos sofrimentos".

Sempre respondo a aqueles que afirmam que não dá para uma pessoa ser rica ou magra demais que isso não passa de um absurdo.

VENDA TUDO O QUE VOCÊ POSSUI

(Gostaria de usar um termo mais pesado, mas acho que os editores não concordariam.) A ganância é uma doença, e nenhum lucro que se receba pode satisfazê-la. Também acho que essas brincadeiras com ser "magro demais" devem parar, porque a imagem distorcida que se tem do próprio corpo também é uma doença, e as vítimas de anorexia, que sentem que precisam ser cada vez mais magras, podem morrer se não receberem ajuda. Quem ganha não é aquele que morre com a maioria dos brinquedos. Se o melhor que se pode dizer de você é que "você tinha a maioria dos brinquedos", então você se enquadra no texto de Daniel 12:2 que diz que alguns que dormem no pó acordarão "para a vergonha, para o desprezo eterno".

Na versão que Mateus apresentou dessa história, Jesus instrui a esse jovem: "*Se você quer ser perfeito*, vá, venda os seus bens e dê o dinheiro aos pobres" (Mateus 19:21, grifo nosso). Anteriormente nesse mesmo Evangelho, no Sermão do Monte, Jesus anunciou: "Portanto, sejam perfeitos como perfeito é o Pai celestial de vocês" (Mateus 5:48). É nesse ponto onde surge a distinção medieval entre "conselhos de salvação" e "conselhos de perfeição" — embora o clero, da mesma forma que os discípulos, deviam caminhar rumo à perfeição mediante a pobreza, o restante de nós poderia se contentar com o caminho da salvação seguindo os ensinos gerais da igreja (inclusive contribuindo para a sua manutenção).

Acho louvável Jesus manter um padrão elevado, mas não acho que a perfeição consista em uma tarefa humana. Devemos trabalhar continuamente para fazer o melhor, mas a perfeição está além do que podemos alcançar. Posteriormente, Mateus identificaria José de

Arimateia como um "homem rico" (*plousios*; Mateus 27:57), e isso está longe de desqualificá-lo.

A história poderia terminar com Jesus lançando um olhar amoroso ao homem que se distanciava, quem sabe orando para que ele renunciasse sua riqueza, ou mesmo que ele viesse a servir a Deus em vez de ser dominado por Mamom. O homem está de luto, ou deprimido, ou mesmo perplexo (o verbo grego *stygnatzō* possui todas essas conotações). A única outra vez que esse verbo aparece no Novo Testamento é em Mateus 16:3a: "e de manhã: 'Hoje haverá tempestade [*stygnatzō*], porque o céu está vermelho e nublado'". Imagino o homem ficando vermelho, com seus olhos marejados de lágrimas, a ponto de explodir. Porém, vamos ver como a história prossegue.

> *Jesus olhou ao redor e disse aos seus discípulos: "Como é difícil aos ricos entrar no Reino de Deus!". Os discípulos ficaram admirados com essas palavras. Mas Jesus repetiu: "Filhos, como é difícil entrar no Reino de Deus! É mais fácil passar um camelo pelo fundo de uma agulha do que um rico entrar no Reino de Deus".*

Jesus não estava brincando. As riquezas são o maior empecilho para o Reino. A distribuição desigual de renda, com os ricos se tornando cada vez mais ricos e o com o número de pobres aumentando cada vez mais em escala global, é uma das principais razões pelas quais o mundo não tem paz. Alguns manuscritos antigos de Marcos dizem: "Como é difícil para aqueles que confiam nas riquezas!" — mas isso não passa de um exemplo de atenuar o que Jesus disse. Ele não está

VENDA TUDO O QUE VOCÊ POSSUI

falando nessa passagem em "confiar" nas riquezas, mas com a questão mais ampla de "possuí-las".

Antes de fazer seu pronunciamento famoso sobre o camelo e a agulha, Ele se dirige a seus discípulos como "filhos", e essa palavra evoca o mandamento de honrar pai e mãe. Nessa passagem, Jesus está assumindo o papel de pai e está garantindo a seus discípulos que os protegerá. Sendo assim, o reposicionamento do mandamento de "honrar pai e mãe" recebe outro efeito: Jesus passa a ter a função de pai para esse grupo de filhos; eles podem confiar nele.

Apesar das várias declarações a respeito de um "portão para camelos" em Jerusalém, um portão que exigia que as pessoas tirassem a carga de seus camelos para que eles passassem por ele, esse portão não existe. Apesar das afirmações de que Jesus na verdade tinha dito "corda grossa" (que em aramaico se diz *kamilon*), em vez de "camelo" (no grego, *kamelon*), isso também não possui nenhum fundamento.

Em primeiro lugar, fazer uma corda grossa passar pelo buraco de uma agulha (pense em uma agulha de costura e uma corda usada para amarrar um navio) já consiste em uma ação difícil. O camelo, que é um animal grande, é um exemplo excelente porque era um animal de carga conhecido. Do mesmo modo que um camelo pode ficar sobrecarregado com as riquezas, nós também podemos.

Uma segunda consideração é que a literatura rabínica usa uma expressão parecida ao falar de um elefante em vez de um camelo (b. Berakhot 55b). Na verdade, a comparação de um elefante forçado a passar pelo fundo de uma agulha não passa de uma expressão idiomática para elaborar argumentos distorcidos a respeito da lei. Em um versículo posterior do Talmude Babilônico (Bava Metzi'a 38b), um rabino bem irônico pergunta ao outro: "Quem sabe você seja de Pumbedita [local de uma academia rabínica famosa que pode ser comparável a Harvard, ou Yale, ou mesmo Vanderbilt], em que as pessoas passam um elefante pelo fundo de uma agulha".

Em terceiro lugar, a formulação "é mais fácil" supõe uma dificuldade em dois casos: o primeiro caso é impossível, e o segundo, mais impossível ainda. Por exemplo, Jesus afirma: "É mais fácil o céu e a terra desaparecerem do que cair da Lei o menor traço" (Lucas 16:17). Por fim, sabemos que os primeiros seguidores de Jesus ficaram confusos com todo esse episódio, de modo que, de acordo com o livro apócrifo *Atos de Pedro e André*, o fundo da agulha se expande tanto que um camelo pode andar dentro dele. Este texto posterior atenua as palavras de Jesus, fazendo com que a sua afirmação seja trivial em vez de ser provocadora, ou, se preferir, rotineira em vez de radical.

O dinheiro — que é referido como "Mamom" em aramaico — pode se tornar um deus. Entretanto, pode-se usar o dinheiro para o bem. As pessoas que abriram as portas de suas casas para que Jesus se alimentasse e fizesse curas não venderam tudo o que tinham; eles não têm nem o dever nem a obrigação disso porque estão demonstrando hospitalidade. Jesus não instrui que Marta venda a sua casa; pelo contrário, Ele aceita a hospitalidade dela naquele lugar. Marta ali exerce o seu ministério e, nessa casa, Jesus prossegue em seu ensino. As pessoas que acolhem os discípulos, que foram enviados sem nenhuma provisão própria, não vendem tudo o que têm; em vez disso, elas recebem aqueles que não possuem meios monetários para pagar sua hospedagem.

> *Os discípulos ficaram perplexos, e perguntavam uns aos outros: "Neste caso, quem pode ser salvo?". Jesus olhou para eles e respondeu: "Para o homem é impossível, mas para Deus não; todas as coisas são possíveis para Deus".*

Os discípulos não deviam ficar chocados. Toda a sua tradição, desde a Torá até os Profetas e os livros sapienciais, os ensinou que a riqueza é um problema. Além disso, eles mesmos tinham abandonado suas propriedades, tanto grandes quanto pequenas, como Pedro afirmaria em seguida em 10:28. Eles já tinham ouvido Jesus dizer: "Bem-aventurados vocês os pobres, pois a vocês pertence o Reino de Deus" (Lucas 6:20). Quando os discípulos ficam admirados, parece mais uma deixa de Marcos para que os leitores digam: "Essa não, pessoal!", ou "Opa, nós faríamos melhor do que isso!". No máximo, a reação deles é registrada com a função de um comentário negativo.

Jesus afirma duas vezes no Evangelho de Marcos que tudo é possível para Deus, a primeira é aqui mesmo, com relação à salvação do rico, e novamente em 14:36, quando Jesus ora no Getsêmani: "Aba, Pai, tudo te é possível. Afasta de mim este cálice; contudo, não seja o que eu quero, mas sim o que tu queres". O *Magnificat* de Maria apresenta uma variante em Lucas 1:37: "Pois nada é impossível para Deus". Todas as coisas podem ser possíveis, mas nem todas as coisas que queremos que aconteçam se realizam de fato. A oração não equivale a um sistema automático mediante o qual se pede alguma coisa, depois se faz um pacto com Deus ("Se conseguir essa graça, eu prometo doar para instituições de caridade, amar o meu próximo, deixar a inveja de lado, limpar o meu quarto, ou seja lá o que for"); se fosse assim, Deus deixaria de ser Deus, porém, Ele tem a liberdade de ser ou fazer tudo o que achar melhor.

Deus decide quem é salvo e quem não é. Retornamos a esse princípio quando chegamos a João 14:6b, onde Jesus diz: "Ninguém vem ao Pai, a não ser por mim", porém, nessa passagem do Evangelho de Marcos, a questão é se a pessoa que dispõe de recursos, e especialmente uma pessoa rica, pode ser salva. Embora Deus tenha a palavra final, permanecem algumas coisas que podemos fazer para ajudar nesse processo de tomada de decisão. Isso não quer dizer que obtemos a salvação, ou conquistemos a atenção divina, ou granjeemos (alguém ainda sabe o que é uma granja?) alguns pontos no quadro com as colunas das boas e das más ações.

De acordo com Jesus, seremos julgados por aquilo que fazemos, não por causa da posição que herdamos. Deus fará o juízo final; a nossa parte é viver segundo a sua vontade, tendo como ponto de partida os Dez Mandamentos, juntamente com o amor a Deus e ao próximo. Paulo dá uma resposta parecida a essa pergunta do candidato a discípulo sobre o que se faz para herdar a vida eterna: "Deus 'retribuirá a cada um conforme o seu procedimento'. Ele dará vida eterna aos que, persistindo em fazer o bem, buscam glória, honra e imortalidade" (Romanos 2:6-7).

No final dessa seção do Evangelho de Marcos, o candidato a discípulo sai de cena. Entretanto, eu imagino... posteriormente encontramos com um discípulo anônimo com Jesus no Getsêmani. Depois de Marcos relatar que "todos o abandonaram e fugiram" (14:50), ficamos sabendo que "um jovem, vestindo apenas um lençol de linho, estava seguindo a Jesus. Quando tentaram prendê-lo, ele fugiu nu, deixando o lençol para trás". (14:51-52). Existem várias especulações sobre quem é esse homem e por que ele é mencionado nessa passagem. Prefiro pensar que ele é o mesmo jovem da passagem que estudamos, que vendeu tudo o que tinha, deu aos pobres, e nessa última tentativa para estar com Jesus, se desfaz de tudo. Podemos imaginar seu destino. Enquanto fazemos isso, podemos imaginar qual seria o nosso. Será que o nosso epitáfio seria algo como: "Ele tinha tudo" ou "Ela tinha tudo"? Será que ele não poderia ser melhorado?

Capítulo 2

ODIAR PAI E MÃE

"Se alguém vier a mim e não aborrecer [odiar] *a seu pai, e mãe, e mulher, e filhos, e irmãos, e irmãs, e ainda também a sua própria vida, não pode ser meu discípulo. E qualquer que não levar a sua cruz e não vier após mim não pode ser meu discípulo."*

Lucas 14:26-27 [Almeida revista e Corrigida]

Quando eu era pequena, toda noite quando minha mãe me colocava na cama, ela costumava contar uma história que eu escolhesse dos livros da minha estante. Depois, na hora de sair do quarto, ela me passava um livro que eu conseguisse ler. Não me lembro da época que não sabia ler, e eu era muito boa em ler em voz alta. Em uma dessas noites, o livro que a minha mãe deu para ler — provavelmente tinha ganhado de presente, já que todos os amigos dos meus pais sabiam que eu gostava de ler — se chamava *Are You My Mother?* [Você é minha mãe?]. Esse livro, que tinha muitas figuras, descrevia as aventuras de um filhote de passarinho que saiu do ovo enquanto sua mãe tinha saído do ninho para achar comida para seus filhotes. Enquanto procurava por sua mãe, ele fez a mesma pergunta para um cachorro, para uma vaca, e, se não me falha a memória, para um rolo compressor: "Você é a minha mãe?".

Esse livro me deixou em pânico: "E se eu perdesse a minha mãe? E se a minha mãe me perdesse? Depois de sessenta anos, ainda me lembro de sair da minha cama chorando para procurar minha mãe.

Quando ouço Jesus afirmar que os discípulos têm que odiar pai e mãe — e até mesmo a própria vida — o meu primeiro pensamento é rejeitar todo o Evangelho. Não odiarei meus pais de jeito nenhum, nem mesmo odiarei minha vida. Isso não é para mim, nem tem como ser.

A proposta da Bíblia é fortalecer os valores familiares. O quinto mandamento (segundo a numeração judaica do Decálogo), sobre o qual conversamos de passagem no capítulo anterior, diz: "honra o teu pai e a tua mãe" (Êxodo 20:12). Em contrapartida, boa parte da Bíblia ensina sobre o amor e a dedicação que os pais devem demonstrar aos filhos. Em Deuteronômio 6, onde estão escritas as palavras famosas: "Ouça, ó Israel: O Senhor, o nosso Deus, é o único Senhor" e "Ame o Senhor, o seu Deus, de todo o seu coração, de toda a sua alma e de todas as suas forças" (Deuteronômio 6:4-5), apresenta várias referências aos filhos, desde a preocupação de que "seus filhos e seus netos" sigam a Torá (6:2) ao mandato de que os pais recitem as palavras da Torá para os seus filhos (6:7). Essa preocupação também pode ser vista em várias histórias de pais que queriam ter filhos de forma desesperada como Sara, por exemplo, que acaba concebendo mesmo com uma idade avançada, Rebeca e Isaque, Raquel, Ana, bem como Isabel e Zacarias, os pais de João Batista.

ODIAR PAI E MÃE

A Bíblia também fala da vida, e do quanto ela é preciosa. Deus afirma: "Hoje invoco os céus e a terra como testemunhas contra vocês, de que coloquei diante de vocês a vida e a morte, a bênção e a maldição. Agora escolham a vida, para que vocês e os seus filhos vivam" (Deuteronômio 30:19). Como podemos amar ao próximo e escolher a vida ao mesmo tempo que odiamos a nossa alma e até mesmo a própria vida? Fico bem mais contente com João 13:35, em que Jesus declara que seus seguidores serão conhecidos pelo amor, não pelo ódio.

Entretanto, temos muito a acrescentar.

Eu não sou mais criança. Tenho respeito suficiente por Jesus para saber que não é muito sábio descartar uma declaração que seja perturbadora na primeira ou mesmo na segunda leitura. Algo de valor deve estar sendo transmitido nela, mas — como nós sabemos por causa das parábolas dele — Jesus planta a semente e depois, como bom Mestre, nos deixa observando o seu crescimento ou a deixa crescer dentro de nós. Será que podemos questionar essas palavras de forma legítima? Claro que sim! Entretanto, como poderemos entender essa frase perturbadora? Convido para que continue a ler este capítulo.

As tentativas de polir essas palavras

O evangelista que chamamos de Mateus, que tem muita chance de ter se utilizado do Evangelho de Marcos como fonte, tinha dificuldades com esse versículo exigindo o ódio contra a família. Lemos uma versão mais razoável em Mateus 10:37: "Quem ama seu pai ou sua mãe mais do que a mim não é digno de mim; quem ama seu filho ou sua filha mais do que a mim não é digno de mim". Marcos apresenta uma declaração mais radical, enquanto Mateus vai trazendo uma escala gradativa de comparativos de superioridade.

Entretanto, isso não quer dizer que a versão de Mateus não possua seus próprios problemas. Por exemplo: Como podemos amar Jesus — ou mesmo Deus, se você crê que Jesus é Deus — mais do que os nossos pais, quando nossos pais equivalem às pessoas mais imediatas que cuidam de nós: a mãe nos levou no ventre, nos deu à luz, quem sabe cuidou de nós; o pai e a mãe que geralmente leem histórias para nós e nos abraçam quando estamos com medo? Podemos clamar a Deus durante a noite, mas será a mãe ou o pai que virá até a nossa cama para nos socorrer. Precisamos mesmo ser instruídos a amar a Deus, o amor aos pais decorre naturalmente de uma infância sadia. A versão de Mateus pode ser mais suave do que a de Marcos, mas não chega a resolver esse problema.

Admito que nem todas as pessoas possuem o relacionamento que consegui desenvolver com meus pais. Em parte, tive o benefício de ser filha única, sendo assim, nunca me senti brigando por afeto. Tive também o benefício de ter pais comparativamente bem mais velhos do que eu (minha mãe tinha quarenta e quatro anos quando eu nasci), portanto, eles tinham menos preocupação com a estabilidade financeira.

No esforço de proteger o leitor, os tradutores tentam fazer as palavras de Jesus registradas em Lucas ficarem mais palatáveis. A *Nova Almeida Atualizada* diz: "Se alguém vem a mim e não me ama

ODIAR PAI E MÃE

mais do que ama o seu pai, a sua mãe, a sua mulher, os seus filhos, os seus irmãos, as suas irmãs e até a sua própria vida, não pode ser meu discípulo". As palavras "amar mais" fazem parte da versão de Mateus, mas isso não nos ajuda a lidar com a versão de Lucas. A Bíblia *A Mensagem* diz: "Quem quiser me seguir, mas se recusar a deixar pai, mãe, marido, mulher, filhos, irmãos, irmãs — sim, até a si mesmo! — não pode ser meu discípulo. A expressão "se recusar a deixar" é vaga: deixar em que aspecto? Largar a mão deles? Renunciar à herança? Em alguns casos, precisamos deixar nossos pais, ou nunca alcançaremos nossa própria independência. (Essa tradução me lembrou do filme *Armações do Amor*, em que Matthew McConaughey ainda mora no porão da casa de seus pais até que Sarah Jessica Parker o convence a amadurecer). Em outros casos, os pais precisam deixar seus filhos; os "pais helicópteros" não ajudarão uma criança a aprender o que é ter uma vida independente ou responsável.

Ao explicarem esse texto, os padres e pastores equilibram a dureza da linguagem de Lucas recorrendo imediatamente a outros textos que suavizam essa declaração. Por exemplo, enquanto Jesus fala em Lucas 14:26 em odiar a própria esposa, lemos em Efésios 5:25,28: "Maridos, amem suas mulheres, assim como Cristo amou a igreja e entregou-se a si mesmo por ela [...] os maridos devem amar as suas mulheres como a seus próprios corpos. Quem ama sua mulher, ama a si mesmo". Essa nada mais é que a mesma passagem em que se continua dizendo que as mulheres devem ser obedientes a seus maridos (outro tema para uma outra ocasião). Entretanto, não se resolve a dificuldade de entender Lucas 14:26 passando rapidamente de um versículo que diz "odeie a sua mulher" para outro que diz "ame a sua mulher". Não há nenhuma utilidade em fazer vista grossa a esse texto ou pular rapidamente para outro. Precisamos nos sentar um pouco com o Jesus de Lucas.

A tarefa de entender o evangelho — ou, na verdade, de seguir a Jesus — não deve consistir em um esforço contínuo de diminuir as exigências de seus ensinamentos. Jesus nunca disse que a vida do discípulo seria fácil; mas disse justamente o contrário. No entanto, Ele garantiu a seus seguidores que ser um discípulo valeria a pena. A tarefa do discípulo não equivale a seguir o caminho fácil ou, conforme diz o Sermão do Monte, "o caminho que leva à destruição" (Mateus 7:13).

"[...] e não aborrecer pai e mãe, mulher e filhos, irmãos e irmãs [...]"

Para entender essa declaração de Jesus, precisamos entender como funciona a palavra *odiar* nesse contexto — em alguns casos, também se traduz como "aborrecer". Ela possui várias conotações (eu sei, algumas pessoas odeiam quando os especialistas começam a se deter em definições; não sai daí). Odiar brócolis não é bem a mesma coisa que odiar um adversário nos esportes, e odiar esse adversário não equivale ao ódio que algumas pessoas nutrem pelas pessoas de partidos políticos diferentes, ou de grupos étnicos, nacionais ou religiosos diferentes. Existem níveis de intensidade no ódio. No Evangelho de Lucas, a palavra que é traduzida como "ódio" em 14:26 (no grego, *miseō*) é usada seis outras vezes, e, ao examinarmos o modo pelo qual ela é usada em outras passagens, podemos ter uma ideia melhor

ODIAR PAI E MÃE

do que ela indica no versículo que estamos estudando. Aqui vai uma pista para começarmos: em todos os usos, exceto neste versículo desconcertante, a palavra "ódio" está se referindo a algo que é dirigido a Jesus, seus seguidores ou outros na comunidade da aliança. Somente em Lucas 14:26 é que os discípulos de Jesus devem odiar.

A primeira vez que esse verbo aparece é em Lucas 1:71, no hino de Zacarias que se refere à obra salvífica de Deus. O pai de João, aquele que seria chamado de "o Batista", sabia algo sobre essa obra salvífica de forma pessoal: o anjo Gabriel apareceu a ele e predisse que sua esposa Isabel, que estava avançada em idade e que já tinha passado pela menopausa há muito tempo, teria um filho; o anjo o feriu de modo que ficasse mudo, porque ele duvidou do poder de Deus; e nessa passagem ele tinha acabado de recuperar a voz. O sacerdote Zacarias, cheio do Espírito Santo (Lucas 1:67), louva ao Deus que salvou Israel, a comunidade da aliança, "dos nossos inimigos e da mão de todos os que nos odeiam" (1:71). Houve muito ódio, desde a escravidão no Egito até a conquista babilônica de Jerusalém e o deboche de Antíoco Epifânio, que tentou eliminar a religião judaica no segundo século a.C. Nessa passagem, não se trata de "gostar menos de alguém": o verbo indica a atitude daqueles que são "inimigos", daqueles que querem nos tirar do mapa. Zacarias parece com o salmista que louva a Deus, que nos "concedes a vitória sobre os nossos adversários e humilhas os que nos odeiam" (Salmos 44:7). Sabemos como é esse tipo de ódio: marchas de morte, campos de concentração e reeducação, genocídio, nuvens em forma de cogumelo, aviões explodindo em prédios, e assim vai.

DECIFRANDO AS PALAVRAS DIFÍCEIS DE JESUS

Zacarias está falando sobre o ódio dirigido a algum país em particular. Entretanto, esse mesmo tipo de ódio pode ter um sentimento mais local. Muitos de nós sabemos como ele se apresenta. O hino de Zacarias nos faz lembrar do Deus que fez a seguinte promessa: de nos "resgatar da mão dos nossos inimigos para servi-lo sem medo" (Lucas 1:74). Até hoje, nem todas as pessoas, mesmo nos EUA, com sua promessa de "liberdade de religião", pode cultuar a Deus sem medo. Vivemos em um momento em que as igrejas, as sinagogas e as mesquitas são alvos de bombardeiros. Ultimamente, algumas igrejas foram bombardeadas no Sri Lanka, algumas sinagogas foram atacadas na França e algumas mesquitas foram cercadas na Nova Zelândia. O ódio continua.

Esse não é o tipo de ódio ao qual Jesus se refere no capítulo 14 de Lucas. Zacarias está falando a respeito do ódio dirigido a nós, não do ódio que os discípulos devem manifestar. Entretanto, a palavra *ódio* aqui no começo do Evangelho de Lucas levanta algumas questões. Por exemplo, qual deveria ser a reação com relação as pessoas que nos odeiam por causa do modo que cultuamos a Deus ou por ser quem somos?

No Sermão do Monte, Jesus instrui: "Amem os seus inimigos e orem por aqueles que os perseguem" (Mateus 5:44). Citando Provérbios 25:21-22, Paulo escreve: "Se o seu inimigo tiver fome, dê-lhe de comer; se tiver sede, dê-lhe de beber. Fazendo isso, você amontoará brasas vivas sobre a cabeça dele" (Romanos 12:20). O impulso de ser bondoso diante da inimizade deve envergonhar o inimigo ou fazer com que ele perceba que o ódio não passa de algo contraproducente.

ODIAR PAI E MÃE

Entretanto, nem sempre isso dá certo. A bondade como resposta à brutalidade nem sempre é correspondida, ou, melhor dizendo, isso acontece em bem poucos casos.

Não sou ingênua, nem acho que o ódio religioso será extinto da face da terra. Entretanto, acho que podemos dar pequenos passos para que isso ocorra. Também sei que, mesmo que deva pensar em odiar meu pai, minha mãe ou meus filhos, acabarei me superando os amando ainda mais. Portanto, dessa forma Jesus me leva de volta ao amor. Já devia ter pensado nisso!

O próximo uso que Lucas faz da palavra "ódio" não se ocupa da inimizade étnica ou religiosa, mas do ódio que a pessoa provoca quando escolhe seguir a Jesus. Volto a dizer que esse ódio é dirigido contra os discípulos; não são eles que odeiam. Na versão lucana das bem-aventuranças, Jesus diz aos seus discípulos: "Bem-aventurados serão vocês, quando os odiarem, expulsarem e insultarem, e eliminarem o nome de vocês, como sendo mau, por causa do Filho do homem" (6:22, veja também Mateus 5:11). Lucas repete essa ideia em 21:16-17, em que Jesus avisa a seus seguidores: "Vocês serão traídos até por pais, irmãos, parentes e amigos, e eles entregarão alguns de vocês à morte. Todos odiarão vocês por causa do meu nome".

O ódio, nessa passagem, começa com os comentários desagradáveis, o ostracismo social, os trotes telefônicos na calada da noite, o tuíte malicioso, o assédio virtual. As pessoas que proclamavam Jesus como Senhor no contexto de Lucas — uma cidade pagã com seus deuses padroeiros — seriam vistas como traidoras tanto para a família quanto para o estado. Jesus diz que esse ostracismo é o preço que se paga a cada dia por sua fé. Esse ódio pode ser desgastante.

Alguns seguidores judeus na visão de Lucas podem ter se sentido rejeitados por sua família, que achava tolice que eles tenham escolhido seguir um visionário itinerante e apocalíptico que expulsava demônios e falava em parábolas. Quem sabe as famílias estivessem preocupadas que essa geração messiânica estivesse tentando fazer seus vizinhos gentios pararem de cultuar os deuses locais. Talvez essa turma estivesse dizendo a seus pais que, se eles não adorassem a Jesus, estariam sendo infiéis à sua própria tradição. Os seguidores gentios se colocariam em uma situação mais difícil e provavelmente enfrentariam uma oposição ainda maior, um ódio realmente bem maior. O povo de Damasco e Antioquia, Éfeso e Atenas tinha os seus próprios deuses, e eles acreditavam que esses deuses eram os protetores da cidade; as famílias tinham o deus da sua própria casa, e os deuses de Roma, dentre os quais o próprio imperador fazia parte, exigiam que se prestasse culto a eles de forma adequada. Negar os deuses locais e se voltar para o Deus de Israel seria visto como trair a família, a cidade e o império.

Apesar de a primeira perseguição em escala imperial contra os cristãos só ter ocorrido no governo de Décio no ano 250 desta era, as perseguições esporádicas e limitadas, mas não pouco violentas, contra os seguidores de Jesus aconteciam praticamente desde o início desse movimento. O próprio Paulo menciona em Gálatas 1:13 que ele estava "perseguindo violentamente a igreja de Deus" (isto é, os seguidores judeus de Jesus), provavelmente porque, na Diáspora, dizer aos

ODIAR PAI E MÃE

pagãos que eles precisavam parar de cultuar seus deuses colocaria a comunidade judaica em risco.

No ano 64 d.C., o imperador Nero (em um esforço que não foi um dos maiores do império) usou os seguidores judeus de Jesus em Roma como bode expiatório, culpando-os pelo incêndio que destruiu boa parte da cidade. Eles capturaram os seguidores de Jesus e os executaram em público, seja incendiando-os como tochas humanas, seja lançando-os às feras. Esses seguidores fiéis, possivelmente inspirados pelas histórias dos mártires macabeus, os judeus que foram levados à morte por Antíoco Epifânio em meados do segundo século a.C., tiveram que fazer essa escolha terrível entre o martírio e a apostasia.

O que faz as pessoas enfrentarem tanto ódio? Esses mártires judeus antigos acreditavam na ressurreição e acreditavam na justiça. Eles sabiam que, de algum modo, o Deus de Israel recompensaria a fidelidade deles e acertaria as contas com aqueles que os estavam torturando. Conforme relata *2Macabeus* 7:10-11 a respeito de três dos sete irmãos sendo torturados e mortos pelo rei por se recusarem a rejeitar as práticas judaicas: "Intimado a pôr fora a língua, ele a apresentou sem demora e estendeu suas mãos [para serem cortadas] com intrepidez, dizendo: 'Do céu recebi esses membros, e é por causa de suas leis que os desprezo, pois espero dele recebê-los novamente'". Os seus comentários e os de seus irmãos estão entre as declarações mais antigas a respeito da ressurreição.

Jesus, que é herdeiro dessas histórias, nos contou o que impedirá a erosão da fé dos seus discípulos a despeito desses questionadores e difamadores. Em Lucas 21:18-19, versículos que vêm logo depois de seu aviso a respeito da traição e da morte pelas quais ele passaria, Jesus disse aos seus discípulos: "Contudo, nenhum fio de cabelo da cabeça de vocês se perderá. É perseverando que vocês obterão a vida". Essa não é uma promessa que se limita à imortalidade da alma, mas também da ressurreição do corpo. O ódio não teria a última palavra.

Essa preocupação em amar a uns e odiar a outros possui sua própria permuta. Às vezes, o oposto do amor não equivale ao ódio; mas à pura indiferença. Nas relações humanas, elas podem ser a opção melhor. Para o adolescente apaixonado que é rejeitado pela garota popular da escola, a melhor reação seria ser indiferente a ela em vez de odiá-la. Entretanto, com relação ao nosso relacionamento com Deus, quem sabe o ódio temporário seja melhor que a indiferença. O ódio mantém o relacionamento, independentemente do quanto seja doloroso; já a indiferença coloca um ponto final nele. Podemos nos achar realmente odiando a Deus — por permitir que um ente querido morra, por permitir a dor de um câncer, por deixar de tomar alguma atitude e melhorar as coisas. Entretanto, se falarmos com Deus a respeito desse ódio, o relacionamento possui alguma esperança de continuidade. Pelo menos, isso consiste em algo a se pensar.

O ódio em Lucas 14:26

Agora, retornamos ao nosso versículo problemático, que é Lucas 14:26, com uma noção de como funciona o ódio. Em primeiro lugar, para o Evangelho de Lucas (do mesmo modo que para os outros), o ódio geralmente equivale a alguma coisa que "os outros" sentem por

ODIAR PAI E MÃE

"nós". O segundo fato é que o ódio possui manifestações, desde as postagens maldosas até a sabotagem do trabalho de alguém, da suástica pintada na porta do escritório (sim, isso já me aconteceu várias vezes) até placas dizendo: "Os judeus não tomarão o nosso lugar" ou "Os homossexuais queimarão no inferno". Em terceiro lugar, o ódio pode provocar perseguição, morte, genocídio. Em quarto lugar, o ódio pode ser ensinado e transmitido para as gerações seguintes. Entretanto, o ódio intergeracional também pode ser dissipado. Os inimigos do ano passado podem se tornar os aliados deste ano. Por fim, o ódio pode ser percebido pelo modo que agimos: se agimos de maneira egoísta, de maneira que o dinheiro passa a ser nosso senhor, então os outros nos perceberão como pessoas que odeiam a Deus.

Em todos esses outros casos, o ódio é dirigido aos discípulos. Porém, nessa passagem problemática, os discípulos devem dirigir esse ódio a suas famílias. Esse ódio é de um tipo bem diferente: ele não é ensinado desde a infância; não se baseia em odiar o que os membros da família acreditam ou o modo que eles agem; não se manifesta por comentários mal-educados ou pela cultura do cancelamento ou pela violência.

Podemos ser treinados a odiar um grupo e amar outro, conforme vemos nos séculos de rivalidades étnicas, racismo, políticas identitárias, e assim por diante. É bem fácil odiar nossos inimigos, conforme demonstram os Manuscritos do Mar Morto, quando lemos na *Regra da Comunidade* que os membros da comunidade deviam "odiar" os "filhos da escuridão" (1QS 1:10). Entretanto, quando se fala de indivíduos, principalmente dos indivíduos que já amamos, não podemos despertar o ódio contra eles. Não podemos obedecer mais a uma ordem de odiar alguém que amamos — uma mãe, uma esposa, um filho — do que a uma ordem para amar alguém por quem não temos nem sequer uma faísca de sentimento. Odiar não é uma emoção que as pessoas podem desligar automaticamente. Odiar é como amar. É algo que sentimos no coração, e não uma determinação de nosso intelecto.

Já tentei de tudo, mas não consigo gostar de beterraba nem de fígado, independentemente do quanto me esforce para isso. Apesar de amar muito meu marido, eu, que sou fã do Red Sox de Massachussetts, não consigo gostar dos New York Yankees (embora admita, ainda que de forma bem relutante, ter uma admiração por alguns jogadores desse time). Se Deus aparecer para mim amanhã e disser: "AJ, você tem que odiar os seus pais, o seu marido e os seus filhos... e o seu cachorrinho", eu responderia: "Não vai dar". Eu também teria outras coisas a dizer.

Posso manifestar o que parece ser amor a meu inimigo, mas não cultivar muito amor dentro de mim. Amar ao inimigo pode indicar, inicialmente, agir de forma mecânica. Se o amor surgir posteriormente, melhor ainda.

Entretanto, esse interesse em despertar ou apagar o amor nos diz que a instrução de Jesus de "odiar o seu pai e a sua mãe" não pode ser lida de forma literal. Além disso, *nem* deve ser, já que Jesus exige que seus seguidores se baseiem na Torá, até no que diz respeito a honrar pai e mãe (veja, por exemplo, Lucas 18:20). Na verdade, Lucas nos diz que, quando Maria e José encontraram o seu filho de doze anos

ODIAR PAI E MÃE

no Templo, depois da agonia pela qual passaram por acharem que o haviam perdido, ele "foi com eles para Nazaré, e era-lhes obediente" (Lucas 2:51). Isso passa bem longe de odiar os pais.

Quando Jesus diz a seus discípulos que eles devem odiar os membros da família, Ele não está dizendo para tratar seus pais como seus adversários os tinham tratado. Nem mesmo está dizendo para tratar seus filhos como a Babilônia tratou o reino da Judeia ou como Antíoco IV Epifânio tratou os judeus na Judeia do segundo século a.C. Se Ele estivesse dizendo isso, a sogra de Pedro nunca teria sido curada, nem sua mãe e irmãos fariam parte da comunidade de Jerusalém que foi reunida em seu nome. Esse amor natural, esse amor aprendido, continua.

Porém, somente usando a linguagem do ódio, com todas as suas implicações visceralmente negativas, Ele pôde demonstrar o quanto o chamado do reino de Deus é *exigente*. A exigência de lealdade que Jesus faz *possui toda essa força*, esse *foco singular*, que a melhor maneira de Ele expressar isso é falar da ideia antinatural e antiética de odiar os pais, os irmãos e os filhos.

Além disso, para aqueles que estão de fora, essa dedicação total a Jesus pode parecer ódio de fato. Podemos imaginar o que Zebedeu pensou quando seus filhos Tiago e João o deixaram no barco de pesca junto com os trabalhadores diaristas. Será que ele pensou: "Meus filhos me odeiam! Eles odeiam o barco e odeiam o mar!"?

Sempre pensei o que a mulher de Simão Pedro pensou quando seu marido anunciou: "Meu bem, tenho uma coisa para te contar. Jesus de Nazaré — sabe, o filho de Maria e de José — me disse que eu passaria a ser pescador de homens, e eu lhe disse que deixaria a tudo e a todos para segui-lo (veja Mateus 19:27 e Marcos 10:28). Será que ela pensou que ele a odiava? Que outro motivo ele teria para ir embora? Será que ela achou que ele não estava bem das ideias? Será que ela pensou: "Será que dá para eu ganhar o suficiente vendendo vasos para sustentar a mim e a minha mãe?" Ou será que ela pensou: "Mamãe nunca gostou dele mesmo! Então está tudo bem!". Será que ela fez as malas e o seguiu? Ou será que ela o odiou por a ter largado? As lendas posteriores da igreja sugerem que ela e a filha dela também passaram a seguir Jesus; gostaria de pensar que esse seja o caso.

A discórdia religiosa dentro da família pode ser dolorosa. Entretanto, elas não precisam nem devem levar ao ódio. Não se pode controlar o que diz o coração, já que a fé consiste basicamente em uma questão do coração, não do intelecto.

Quem sabe os pais, o cônjuge e os filhos possam se sentir odiados pelo filho, pelo cônjuge ou pelo pai ou mãe que deixa a casa e a família para seguir a Jesus. Isso não significa que eles sejam odiados. Eles são amados, e esse amor vem do próprio amor que Deus sente pela humanidade. Entretanto, pelo menos para aqueles discípulos primitivos, eles recebem o mesmo amor de qualquer outro membro da família de Deus, ou de todas as pessoas, por causa de sua imagem e semelhança divinas.

"E não aborrece [...] sua mulher"

Eu tenho várias reservas quanto ao evangelista Lucas. No comentário que escrevi sobre o seu evangelho juntamente com meu bom

ODIAR PAI E MÃE

amigo Ben Witherington III, que é pastor metodista e professor do Novo Testamento,[2] sugeri que Lucas não era muito avançado na questão feminina. Quando leio esse Evangelho, vejo muitas histórias sobre mulheres, mas, na maioria dos casos, as mulheres ficam caladas enquanto os homens falam. Por exemplo, encontramos tanto Ana quanto Simeão no Templo, mas só ouvimos as palavras de Simeão; vemos tanto o fariseu Simão quanto a mulher com o vaso de alabastro no capítulo 7 de Lucas, mas somente ouvimos diretamente as palavras desse fariseu. A dona da casa Marta fala (Lucas 10:38-42), mas Jesus destaca a Maria silenciosa que está sentada a seus pés. Ben não concorda comigo a respeito de Lucas — ele vê o terceiro evangelista como alguém que promove o papel ativo da mulher nas comunidades reunidas em nome de Jesus. Deve haver algum fundo de verdade nessas duas posições.

O modo como entendemos a visão de Lucas a respeito das mulheres influencia a maneira que entendemos a referência que Lucas faz da "mulher" em 14:26. Em Marcos 10:29-30 (compare com Mateus 19:29), Jesus afirma: "Ninguém que tenha deixado casa, irmãos, irmãs, mãe, pai, filhos, ou campos, por causa de mim e do evangelho, deixará de receber cem vezes mais já no tempo presente casas, irmãos, irmãs, mães, filhos e campos, e com eles perseguição; e, na era futura, a vida eterna". Não se menciona nenhuma esposa nessa passagem. Em Mateus 10:37, Jesus afirma: "Quem ama seu pai ou sua mãe mais do que a mim não é digno de mim; quem ama seu filho

---

[2] Amy-Jill Levine e Ben Witherington III, *The Gospel of Luke*, Cambridge Bible Commentaries (Cambridge, UK: Cambridge University Press, 2017).

ou sua filha mais do que a mim não é digno de mim". Nem sinal de esposa nesse texto também.

A única referência que esse evangelista faz a uma esposa no ensino sobre a divisão da família pode ser o próprio acréscimo de Lucas (especialmente se ele usou como fontes os Evangelhos de Marcos e de Mateus). Essa referência à esposa sugere várias coisas, e nem todas são boas.

Confesso que estou quase entrando em conflito com o evangelista Lucas: e essa não é a primeira vez. Entendo que Lucas é um pastor ou um ministro, uma pessoa que recebe a tradição, seja das Escrituras de Israel ou das histórias de Jesus que foram contadas pelas "testemunhas oculares e servos da Palavra" (Lucas 1:2), e as adapta às necessidades de Teófilo, seu patrono, bem como a qualquer outro aquele que crê ou venha a crer em Jesus. Isso é o que os pastores e ministros fazem. Eles interpretam; às vezes, eles enfeitam; alguns atualizam ou corrigem, por exemplo, traduzindo a palavra grega *adelphoi*, que literalmente quer dizer "irmãos", como "irmãos e irmãs".

Vamos imaginar que Lucas esteja escrevendo por volta do ano 90, em algum lugar da Diáspora oriental: Éfeso ou Antioquia. Lucas é um membro da terceira geração do grupo reunido no nome de Jesus; ele não é uma testemunha ocular; não é nem ministro nem assistente (no grego: *hupēretēs*); ele usa fontes (certamente o Evangelho de Marcos e o de Mateus). Lucas conhece mulheres em posições de autoridade nas comunidades recém-formadas: a diaconisa Febe (o grego usa a palavra masculina *diakonos*) da igreja de Cencreia que

Paulo menciona em Romanos 16:1; a apóstola Júnia (Romanos 16:7), Ninfa, que era responsável pela igreja domiciliar em Colossos (Colossenses 4:15); as mulheres que profetizavam em Corinto, e assim por diante. Também é provável que Lucas conheça as jovens viúvas nas igrejas (veja 1Timóteo 5:11,14) que possuem fundos e pensamentos independentes; ele conhece líderes femininas em algumas comunidades, como a mulher que João se refere como Jezabel em Apocalipse 2:20, que parece estar apoiando uma forma mais liberal de culto que João rejeita.

Ao falar de largar a "mulher", Lucas sugere que somente homens são discípulos. Entretanto, em Atos 9:36, ele realmente observa que "em Jope havia uma *discípula* chamada Tabita, que em grego é Dorcas, que se dedicava a praticar boas obras e dar esmolas" (grifos nossos). Lucas, do mesmo modo que Jesus, considerava os seguidores deste como membros de uma nova família, unidos pela sua fé e lealdade singulares dedicadas a Jesus, e não por relacionamentos legais como o casamento ou laços de família.

"Até mesmo a própria vida"

Logo depois da exigência em Lucas 14:26 de "odiar pai e mãe, mulher e filhos, irmãos e irmãs", lemos na *New Revised Standard Version* [NRSV — Nova Versão Padrão Revisada], "sim, e até mesmo à própria vida, não pode ser meu discípulo". O grego realmente diz "vida", mas "*psychē*", no sentido do ego ou mesmo da "alma". Não se trata da ideia de que devemos odiar a vida e que, por causa disso, devemos morrer. O princípio que é expresso é que, quando tomamos nossa

DECIFRANDO AS PALAVRAS DIFÍCEIS DE JESUS

decisão de seguir a Jesus, nos afastamos por causa disso de todas as marcas de identidade anteriores. Não somos mais donos de barco ou fazendeiros, nem donos de vinhas ou oleiros, os seguidores de Jesus passam a ser, acima de tudo, *discípulos*.

Não é de se admirar que Jesus, no Evangelho de Marcos, dê a Tiago e João, os filhos de Zebedeu, o nome de "Boanerges, que significa filhos do trovão" (Marcos 3:17). Ao mudar de paternidade, ele muda a identidade deles. Ao lhes dar um novo nome, ele assume sua função de pai. Não é à toa que Simão, filho de Jonas, passa a ser conhecido como Pedro, nome que vem da palavra que significa "rocha", nem se trata de nenhuma surpresa que Jesus, no Evangelho de João, fale de ser "nascido de uma nova maneira" ou "nascido de cima" (em grego, *anōthen*), uma expressão que Nicodemos entende de forma equivocada como "nascido de novo" (veja João 3:3,7 e 1Pedro 1:23). Quando alguém é "nascido de cima" ou "nascido de uma nova maneira", o ventre materno e a sua semente paterna são simbolicamente substituídos por um novo pai e, portanto, por uma nova lealdade. Ser nascido "de uma nova maneira" significa fazer parte de uma nova família, que não é definida pela biologia nem por contrato algum, mas pela lealdade.

Algumas tradições religiosas dão nomes novos para os membros que se comprometem a participar da comunidade, seja pela conversão ou pela profissão de fé. Eu lembro que várias das minhas amigas católicas, quando são confirmadas, recebem um novo nome, com várias Teresas (que sempre achei um nome lindo!). Os convertidos para o judaísmo escolhem um nome hebraico e também recebem uma nova ancestralidade, de Abraão e Sara. Sendo assim, no cenário tradicional judaico em que o indivíduo e seus pais recebem seu nome, o convertido seria, por exemplo, David ben Avraham Avinu, ou David filho (*ben*) de nosso pai Abraão (*av*, que vem da mesma raiz que Abba, significa "pai" e o sufixo "inu" é da primeira pessoa do plural). A mulher que se converte seria Rute bat (filha de) Sara Imenu (nossa mãe Sara). A afiliação religiosa ou a confirmação nos transforma daquilo que éramos para o que podemos ser dentro da comunidade que possui crenças e práticas em comum.

Os discípulos estabelecem uma nova identidade, não focada na família original, tampouco focada no *ego* (um termo grego, mas empregada por Sigmund Freud para dar a conotação de uma sensação de realização pessoal e distinção positiva), mas focada em Jesus, preenchida por Jesus e direcionada por Jesus. Odiar a psiquê de alguém em Lucas 14:26 é uma reafirmação dos comentários de Jesus em 9:23a: "Se alguém quiser acompanhar-me, negue-se a si mesmo". Trata-se de uma antecipação da afirmação de Jesus em 17:33 (cf. João 12:25): "Quem tentar conservar a sua vida a perderá, e quem perder a sua vida a preservará".

Odiar a si mesmo *não* significa odiar o próprio corpo ou odiar as várias coisas que nos alegram. Esse seria um pensamento filosófico pagão, não judaico. O texto grego do segundo século chamado de Poimandres (4:6; o título significa "pastor de homem") diz: "Filho, se você não odiar o próprio corpo [*sōma*], não será capaz de amar a si mesmo". A tradição judaica em geral nunca nega o corpo; pelo contrário, existe o louvor a Deus em Salmos 139:13-14a, que criou "o íntimo do meu ser e me teceste no ventre de minha mãe". O salmista exclama: "Eu te louvo porque me fizeste de modo especial e admirável". Independentemente de sua idade ou senilidade, das suas rugas e das suas cicatrizes, todo corpo humano possui uma glória especial. Pelo fato de valorizarmos o corpo, e a própria vida, o mandamento de Jesus chega ao âmago da questão: o que ou quem poderia ser mais importante, ou mesmo possuir a mesma importância, a ponto de a atitude de dedicar nossa vida para esse objetivo, ou a essa pessoa, fazer parecer como se odiássemos a aquilo que é mais precioso para nós?

Outra maneira de abordar essa declaração é fazer a seguinte pergunta: "Por que ou por quem valeria a pena entregar a minha própria vida?". A princípio, minha resposta seria fácil: pelos meus filhos, pelo meu marido. A partir daí, as respostas não ficam tão claras. Em sua parábola, Jesus fala sobre a "pérola de grande valor". Essa parábola nos leva a fazer outra pergunta: "Qual é a coisa mais importante da sua vida? O que você tem que ter ou fazer acima de tudo? Algumas pessoas sacrificariam tudo sobre os altares idólatras do dinheiro (Mamom), da beleza, da fama, do poder, das drogas, e assim por diante. Sendo assim, eles trabalham até a exaustão, ou morrem de fome, ou se afastam dos amigos e da família, ou mesmo destroem seu corpo.

Podemos perguntar a nós mesmos: o quanto a nossa confissão de fé é importante? Se fôssemos ordenados a negar nossas crenças para preservar a nossa vida, ou mesmo a nossa posição social, será que faríamos isso? Existem 23 países, inclusive o Afeganistão, a Arábia Saudita, a Jordânia e a Síria, que declaram que a apostasia — o abandono da própria religião (geralmente acompanhada da aceitação de uma religião diferente) — é um crime sobre o qual recai a pena de morte.

ODIAR PAI E MÃE

A coragem desses indivíduos que se arriscam, em nome da verdade do modo que eles a entendem, à rejeição da família, à censura da comunidade e a serem executados pelo Estado é surpreendente.

O ser humano possui um instinto de autopreservação, e Jesus não está lutando contra esse instinto. Ele não quer que seus seguidores morram. Em vez disso, ele quer que eles tenham certeza de que sua vida encontra sentido em sua dedicação ao evangelho. É essa dedicação que encerra o significado de dizer: "Não seja feita a minha vontade, mas a tua" (Lucas 22:42). Quando temos a disposição de fazer a escolha de preferir morrer a renunciar algo, temos a verdadeira certeza de quem somos.

"Não pode ser meu discípulo"

No capítulo 14 de Lucas, Jesus está falando às multidões. Nem todos seriam discípulos no futuro; provavelmente somente poucos deles. Poucos estão interessados em odiar os pais, perder a vida ou carregar a cruz. Poucos estão interessados, tanto naquela época quanto agora, em ser discípulos no sentido completo ao qual Pedro e André, Tiago e João se dedicaram.

O discipulado acabou significado o batismo ou o batismo acompanhado da frequência a alguma igreja. Esse é o começo. Esses são os primeiros passos do discipulado. Entretanto, embora Jesus tenha sugerido que seus seguidores teriam que se tornar como criancinhas (Lucas 18:16-17; Mateus 19:13-14; Marcos 10:14-15), ele não quer que seus seguidores sejam imaturos. As crianças possuem um senso de admiração, um reconhecimento de dependência, alguma ausência

DECIFRANDO AS PALAVRAS DIFÍCEIS DE JESUS

de vergonha: todas essas características ajudam bastante o discípulo. Porém, eles também precisam proclamar o evangelho, curar os doentes, expulsar demônios e arriscar a própria vida em prol do evangelho.

Ser discípulo implica mais do que simplesmente fazer parte de uma aula ou frequentar uma classe que estuda este ou aquele texto. É nesse ponto que chegamos a uma variante da interpretação desse interesse em odiar a família. Na Antiguidade, ser um discípulo era colocar seu mestre, ou rabino, na posição que normalmente é ocupada pelo pai. Podemos ver um resquício dessa ideia na expressão alemã *Doktorvater* (e agora também *Doktormutter*), "doutor-pai", o diretor de uma tese de mestrado. Para ser um discípulo, era exigida uma determinação de encontrar um mestre que, em termos de influência e obediência, substitui o pai e a mãe.

Os pais precisam deixar os seus filhos saírem do ninho e escolherem os caminhos para os quais se sentem chamados a seguir. Isso é difícil, especialmente quando a escolha da carreira não é bem aquilo que nós, os pais, tínhamos em mente. Entretanto, se encontrarem um bom mestre e um tema válido, elas terão mais condições de acabarem firmando a sua identidade.

Reconheço que me sinto um pouco como mãe dos alunos (maravilhosos!) cujas dissertações orientei. Por um lado, toda vez que eles conquistam alguma coisa — publicam algum artigo, apresentam seus estudos recentes em uma conferência acadêmica ou em uma reunião na igreja, defendem aquilo que acreditam — eu *"kvello"* (um verbo do iídiche que indica se alegrar nas conquistas de alguém de seu relacionamento ou de um amigo). Por outro lado, se eles disserem alguma coisa equivocada ou inadequada, sinto vergonha, como acontece com muitos pais.

Juntamente com essa função *in loco parentis* do professor com relação ao aluno, precisamos considerar o que se espera que o discípulo daquela época e dos dias atuais façam. Ele não deve ser um simples papagaio: o discípulo é um pensador inteligente e independente, não um simples passarinho. Eles deviam transmitir o que aprendiam do seu mestre para, posteriormente, passarem eles mesmos a serem mestres. Entretanto, eles não deviam se limitar a repetir o que ouviram. Eles deviam continuar a questionar, dar andamento à discussão e esperar que seus alunos a desenvolvessem ainda mais.

No Evangelho de Lucas 14:26, Jesus fala que o discípulo vem "a" ele. Já em Lucas 14:27, ele afirma: "E aquele que não carrega sua cruz e não me segue não pode ser meu discípulo". O primeiro versículo fala sobre vir a Jesus, e essa é a abordagem do candidato a discípulo. Em seguida ou depois vem o treinamento do discípulo. O primeiro passo foi do próprio discípulo. Vir a Jesus significa se afastar de quem era e das coisas e das pessoas dessa vida anterior — dos seus bois, do seu barco ou da sua família. Seguir a Jesus quer dizer caminhar rumo à nova identidade, que não é definida pela família em que nascemos, mas pela fé; ela também não é definida por quem éramos, mas por quem viremos a ser.

"E aquele que não carrega sua cruz e não me segue..."

Jesus atrela sua exigência de odiar a família e odiar a vida à exigência de carregar a cruz; Lucas acrescenta palavra "diariamente" à versão dessa declaração em Mateus e Marcos. Carregar a cruz, para Lucas, não consiste em um acontecimento em particular, mas em um estilo de vida, e isso é exatamente o que ele reitera. Jesus já tinha dito a seus discípulos, no início de sua viagem a Jerusalém: "Se alguém quiser acompanhar-me, negue-se a si mesmo, tome diariamente a sua cruz e siga-me" (9:23).

A natureza do discipulado não pode se restringir a alguma boa obra isolada ou mesmo a ir à igreja todos os domingos. Se alguém segue a Jesus, então deve se dedicar completamente a esse novo caminho, ou, como Jesus diz, entrar pela porta estreita. O discipulado se traduz em uma dedicação completa ao evangelho.

Gostaria de repetir que ninguém disse que isso seria fácil, e se algum discipulado caminha dessa maneira, alguma coisa está errada. A expressão "carregar a cruz" indica uma vida de sofrimento. Jesus não está dizendo que devemos procurar com vontade o sofrimento. Em vez disso, Ele está dizendo, de início, que temos de abrir nossos olhos a esse sofrimento. Por mais confortáveis que alguns de nós possamos estar, temos que nos conscientizar de que nem todos possuem o que precisam para viver — alimento, abrigo, cuidados médicos, alguém para abraçar no meio da noite, e assim por diante. Já que devemos viver de forma abundante, precisamos de recursos. O primeiro sinal de que estamos carregando a cruz dia após dia é reconhecer a lacuna entre aquilo que temos à disposição e o que, ao mesmo tempo, os outros não têm.

Essa dor inicial serve como provocação. Podemos pensar a essa altura no adágio médico que diz que a dor pode ser algo bom, desde

ODIAR PAI E MÃE

que nos mostre que algo não vai bem e que precisa ser tratado. Sendo assim, quando sentimos esse primeiro impacto, podemos agir com base nisso. Carregar a cruz indica agir, mesmo quando essa ação nos causa um sofrimento maior. Basta combater o bom combate para providenciar recursos para a comunidade e seremos abandonados pelas pessoas que estão mais interessadas no bolso que na assistência social. O restante você já sabe, e muitos de vocês já passaram pela recriminação social por lutar por seus princípios.

Jesus é um mestre tão bom que diz a seus discípulos que o caminho pelo qual eles andarão não será fácil. Ele não engana ninguém. Na verdade, Ele já tinha perguntado a esses discípulos: "Em favor de que valeria a pena entregar sua vida?". Naquele momento, Ele estava dizendo que eles teriam que fazer exatamente isso. Ainda estamos no capítulo 14 do Evangelho de Lucas, e Jesus ainda tinha cinco capítulos para chegar em Jerusalém. Os discípulos tinham sido avisados, mas duvido que eles tenham percebido toda a extensão daquilo que Jesus pediu que eles fizessem. Quem sabe eles nem soubessem da parte que envolve a cruz. Será que eles achavam que esse novo caminho seria algo aventureiro: expulsar demônios, ressuscitar os mortos? Com certeza, tudo isso faz parte dele. Será que um dia eles mesmos seriam capazes de fazer discípulos? Isso também faz parte do propósito. Mas será que eles percebiam completamente o que Jesus estava pedindo a eles? É claro que não!

Geralmente, nós não percebemos tanto a dor tanto quanto a alegria vivenciada por causa daquilo a que nos dedicamos. A pessoa que pensa: "Acho que farei um doutorado ou serei médico ou entrarei para o exército" pode ter uma noção intelectual de quais seriam as exigências para isso. Somente em meio às provas, ou dentro do pronto-socorro especializado em traumas, ou em meio à batalha é que podemos perceber totalmente que a nossa dedicação, ou até mesmo a nossa alegria no campo que escolhemos, só chega acompanhada de uma dor emocional profunda, inclusive com desgaste mental e muita dúvida. Mas, mesmo assim, nós perseveramos.

Trazendo a discussão de volta à família, até mesmo dentro dela sempre há um misto de dor e alegria. Sofremos pela perda de um ente querido, independentemente do quanto a nossa esperança na ressurreição seja firme (uma visão que os judeus e os cristãos tradicionais têm em comum). Sofremos de preocupação quando nossos filhos saem de casa, seja para o jardim de infância, seja para a faculdade. Também sofremos quando os relacionamentos fracassam. O sofrimento faz parte da vida.

Carregar a cruz diariamente equivale a sofrer, mas somente quando isso possui um propósito. É se arriscar à desonra (Você adora *esse Deus*?), ao ostracismo social (Você anda com *essa gente*?), em resumo, é arriscar a própria vida em nome do reino de Deus. É colocar a confiança na comunidade em vez de colocá-la em si mesmo ou em seus bens. Para o discípulo, essa mudança no pertencimento faz parte de um paradoxo inevitável. Já observamos o comentário em Lucas 17:33, de que "quem tentar conservar a sua vida a perderá, e quem perder a sua vida a preservará". João 12:25 coloca essa ideia em outras palavras: "Aquele que ama a sua vida, a perderá; ao passo que aquele que odeia a sua vida neste mundo, a conservará para a

ODIAR PAI E MÃE

vida eterna". Não dá para nos apegarmos à nossa vida. O nosso corpo inevitavelmente morrerá. Entretanto, podemos nos apegar à nossa fé, ao nosso sentido de propósito dentro desse mundo. Esse sentido passa a ser a nossa âncora.

Além disso, conforme Jesus garante a seus discípulos: "Digo-lhes a verdade: Ninguém que tenha deixado casa, mulher, irmãos, pai ou filhos por causa do Reino de Deus deixará de receber, na presente era, muitas vezes mais, e, na era futura, a vida eterna" (Lucas 18:29-30).

Capítulo 3

ESCRAVO DE TODOS

"Quem quiser ser o primeiro deverá ser escravo de todos."

Marcos 10:44

Em virtude de nosso conhecimento cada vez maior do histórico de escravidão da humanidade, e considerando o legado presente da escravidão para milhões de pessoas — um legado de heranças perdidas, famílias separadas, falta de acesso à educação, pobreza, intolerância —, o comentário de Jesus de que temos que ser escravos cada vez mais parece dissonante ou, no mínimo, desagradável para muita gente.

Isso também não me soa muito bem. Para os judeus, o Êxodo do Egito equivale a um marco importante: o movimento saindo da escravidão para a liberdade, da alienação para a autonomia. Os judeus tradicionais recitam a *Birkhot Hashachar*, cuja tradução literal é "Bênçãos da Alvorada"; que na versão atual inclui o seguinte: "Louvado sejas Tu, Adonai nosso Deus, Governante do Universo, que me criou como um ser humano livre". A Hagadá ("contação" ou "narrativa") da história da Páscoa que os judeus da tradição do leste europeu recitam contém a frase: "Em cada geração, somos obrigados a nos ver como se estivéssemos saindo do Egito pessoalmente". Na tradição sefardita (da Península Ibérica), as palavras hebraicas dizem que a pessoa deve "se apresentar como tendo saído do Egito". Não podemos celebrar a nossa liberdade se não nos lembrarmos do nosso passado de escravidão; nem podemos celebrar plenamente a nossa liberdade enquanto outras pessoas continuam sendo escravizadas.

Por causa disso, quando Jesus instrui seus discípulos a agir como escravos, ou quando ele conta parábolas que comparam os escravos aos seus seguidores, fico com alguns pés atrás, não somente quanto a Jesus, mas com respeito a toda a tradição bíblica que não consegue reconhecer a injustiça da escravidão e a sua incompatibilidade com a criação. Os leitores conseguiram por séculos associar mandamentos como "ame o próximo como a si mesmo" e "faça aos outros o que querem que façam a vocês" com a prática da escravidão. Amar o próximo deveria significar o reconhecimento da humanidade dessas pessoas e de que eles são portadores da imagem e da semelhança de Deus (Gênesis 1:26a). De modo diferente de seus vizinhos no Oriente Médio, que consideravam os seres humanos criados para serem escravos dos deuses, Israel considerava o ser humano um ser criado para dominar, não para ser dominado (Gênesis 1:26b). Não dá para ver essa humanidade ou essa imagem se tratarmos as pessoas como se fossem propriedades.

Seguir a Regra Áurea, que "em tudo, façam aos outros o que vocês querem que eles lhes façam; pois esta é a Lei e os Profetas" (Mateus 7:12), deve ter contribuído com a abolição da escravatura.

Na antiguidade, a ideia de querer ser escravo de outra pessoa seria considerada bizarra. No máximo, seria um esforço como um último recurso: vender-se à escravidão para ter o dinheiro para resgatar um ente querido (não se esqueça dessa ideia; ela reaparecerá ainda neste capítulo).

Embora provavelmente mais da metade da população do Império Romano se constituísse de escravos ou descendentes – podemos pensar, por exemplo na família judaica de Paulo em Tarso como passando pela escravidão) isso dá a Paulo uma nuance diferente) — essa experiência não sugeria a que, por esse motivo, eles não deveriam possuir escravos. Já que a experiência de escravidão no Egito levou à repetição constante do mandamento: "Amem os estrangeiros, pois vocês mesmos foram estrangeiros no Egito" (Deuteronômio 10:19), isso não levou a deduzir algo assim: "Libertem também os escravos, porque vocês mesmos foram escravos na terra do Egito".

O Israel antigo evoluiu em muita coisa. A Torá associa a obediência ao sábado à lembrança da escravidão: "Lembra-te de que foste escravo no Egito e que o Senhor, o teu Deus, te tirou de lá com mão poderosa e com braço forte. Por isso o Senhor, o teu Deus, te ordenou que guardes o dia de sábado" (Deuteronômio 5:15). Nesse dia até os escravos descansavam. Além disso, a Torá demonstra alguns avanços em alterar a lei referente aos escravos para dar a impressão de eliminar essa instituição. Lemos em Êxodo 21:2-6 a declaração de que só é permitido ao israelita escravizar outro até seis anos; a liberdade vem no ano sabático. Ainda existe um acréscimo em Deuteronômio 15:13-14 de que esse escravo que é liberto não pode ficar

DECIFRANDO AS PALAVRAS DIFÍCEIS DE JESUS

"de mãos vazias"; mas, em vez disso, seu ex-senhor tem que "dar-lhe com generosidade dos animais do seu rebanho, do produto da sua eira e do seu lagar". Entretanto, de acordo com Levítico 25:39-40: "Se alguém do seu povo empobrecer e se vender a algum de vocês, não o façam trabalhar como escravo. Ele deverá ser tratado como trabalhador contratado ou como residente temporário; trabalhará para quem o comprou até o ano do jubileu". O trabalhador contratado está longe de ser um escravo, portanto, parece que a escravatura está sendo abolida, pelo menos para os compatriotas israelenses. Seria ótimo se essa tradição fosse levada adiante pelas igrejas gentias.

Embora Paulo proclame: "Não há judeu nem grego, escravo nem livre, homem nem mulher; pois todos são um em Cristo Jesus" (Gálatas 3:28), as cartas paulinas instruem que o escravo tem que ser obediente ao seu senhor (por exemplo, Efésios 6:5-8; Colossenses 3:22; Tito 2:9) como em 1Pedro 2:18. O cristianismo e a escravidão andaram de mãos dadas por todo o Império Romano.

Esse histórico se repete várias vezes. Até que ponto julgamos o passado com a noção moral do presente? A Bíblia também não é tão progressista como eu gostaria a respeito da função da mulher, por exemplo. Entretanto, trata-se de um texto que eu amo, e esse amor inclui passagens que me perturbam. É isso o que o bom leitor faz. A Bíblia constitui um texto que nos ajuda a levantar as questões certas e faz parte dessas questões como se deve entender os comentários de Jesus a respeito da escravidão.

Somente em um passado relativamente recente que alguns comentaristas bíblicos estão achando esses comentários problemáticos.

ESCRAVO DE TODOS

Na verdade, só recentemente os especialistas começaram a dar atenção aos escravos nos Evangelhos, ou ao uso de uma linguagem referente a escravos, ou até mesmo à própria linguagem escravagista, além dos argumentos acadêmicos de antes da Guerra Civil Americana de que Jesus e Paulo aprovavam a escravidão, portanto, o bom cristão também deve aprovar. De fato, em vez de ficar horrorizados com essa linguagem, falamos inadvertidamente no presente em ser "escravo da moda" ou "escravo do fogão o dia inteiro" ou "ser vendido na beira do rio" (ou traído).

Até a maioria dos comentários passa bem rápido pelo versículo que estamos estudando para explicar o que Jesus queria dizer no próximo versículo, que é Marcos 10:45: "Pois nem mesmo o Filho do homem veio para ser servido, mas para servir e dar a sua vida em resgate por muitos". Agora percebemos a associação: embora a referência a "resgate" deixe questões em aberto como para quem é o resgate (para Deus? para Satanás?), um público antigo pode ter observado o vínculo entre Marcos 10:44, a instrução de ser escravo de todos, e Marcos 10:45, que trata do resgate. Hoje, essas ideias de escravidão e de resgate soam somente como metáforas; na antiguidade, elas estavam bem presentes. As pessoas eram levadas como escravas e vendidas em mercados; e, se possível, suas famílias poderiam resgatá-las.

Aqueles que notam a declaração a respeito da escravidão tentam suavizá-las. Ainda ouço de vários alunos e amigos que o Novo Testamento é progressista na questão da escravidão. Cita-se muito Gálatas 3:28, mas não podemos ignorar o fato de que Paulo não transfere essa fórmula batismal para as relações sociais. Ouço que Jesus falou sobre escravos e, por causa disso, os reconheceu — isso é verdade, mas eles não fazem nenhuma defesa da liberdade. É verdade que as parábolas sugerem de fato que os escravos possuem livre arbítrio e inteligência, mas essa era uma noção comum na antiguidade.

Às vezes, ouço que a instrução de se tornar um escravo de todos se trata de uma instrução para ser humilde, que é algo que muitas pessoas, especialmente que estão em cargos de liderança, podem achar útil. O problema nisso é que os escravos na antiguidade não eram conhecidos por serem "humildes". O estereótipo dos escravos variava do indivíduo fiel que daria sua vida pelo seu senhor até o indivíduo preguiçoso, bêbado, dissimulado e desleal que mataria o seu senhor a facas na primeira chance que tivesse.

Outros sugerem que Jesus não se referiu de fato a um escravo, mas a um "servo". Por exemplo, em Marcos 9:35, ele diz aos doze: "Se alguém quiser ser o primeiro, será o último, e servo de todos". A palavra traduzida como "servo" é *diakonos*, de onde vem a palavra "diácono". A forma verbal dessa palavra descreve a ação dos anjos que o serviram depois da tentação no deserto e do "serviço" que a sogra de Pedro lhe prestou. Um pouco antes do versículo problemático que estamos analisando, Jesus afirma em Marcos 10:43: "quem quiser tornar-se importante entre vocês deverá ser servo" (usando novamente a palavra *diakonos*), de modo que possivelmente Jesus não estivesse querendo dizer "escravo" no versículo seguinte; talvez ele estivesse somente exagerando um pouco. Não acredito nisso. Acho que ele quis dizer "escravo" no sentido de priorizar as necessidades da comunidade sobre as suas de forma completa. Além disso, acho que ele quis dizer "escravo" com a pista de que a crucificação passou a ser uma morte possível, dado o vínculo forte que existe entre a posição de escravo e essa forma de tortura mortal.

Por fim, Ele quis dizer *escravo* da mesma forma que falou do "ódio" a respeito da família: seu modelo é de sair da vida deste mundo para a vida no reino dos céus, de prezar o que normalmente valorizamos para seguir para o que não tem preço. As pessoas ficariam horrorizadas se lhes dissessem para odiar os pais, ou mesmo para vender tudo o que têm e dar aos pobres, ou até em pensar em abrir mão de sua liberdade. Entretanto, esse é o método pelo qual Ele nos chama a atenção.

Jesus poderia ter falado sobre a libertação dos escravos, porque a ideia já fazia parte de sua tradição judaica. Já observamos algum avanço na Torá. Ele chega perto disso em sua pregação em Lucas 4:18 onde ele faz uma paráfrase do capítulo 61 de Isaías:

O Espírito do Soberano, o SENHOR
está sobre mim,
porque ele me ungiu
para pregar boas-novas aos pobres.
Ele me enviou para proclamar liberdade aos presos
e recuperação da vista aos cegos,
para libertar os oprimidos.

DECIFRANDO AS PALAVRAS DIFÍCEIS DE JESUS

Os presos geralmente eram feitos escravos ou disponibilizados para resgate; os escravos estavam entre os oprimidos. Jesus poderia ser um pouco mais claro.

Ele poderia se basear também em Levítico 25:10: "Consagrem o quinquagésimo ano e proclamem libertação por toda a terra a todos os seus moradores. Este lhes será um ano de jubileu, quando cada um de vocês voltará para a propriedade da sua família e para o seu próprio clã". A propósito, essa é a fonte da citação no Sino da Liberdade que está no Parque Histórico Nacional da Independência em Philadelphia. A liberdade em questão, em 1751. quando o Sino foi instalado, não falava a respeito da liberdade para os escravos; mesmo assim os abolicionistas posteriores, que realmente cunharam o nome "Sino da Liberdade", o usaram como símbolo do seu movimento.

Ele poderia ter apelado a Jeremias. O profeta descreve como, enquanto os babilônios estavam invadindo Judá, o rei Zedequias assinou um decreto de que "todos teriam que libertar seus escravos e escravas hebreus; ninguém poderia escravizar um compatriota judeu. Assim, todos os líderes e o povo que firmaram esse acordo de libertação dos escravos, concordaram em deixá-los livres e não mais os escravizaram; o povo obedeceu e libertou os escravos" (Jeremias 34:9-10). Isso funcionou somente por um tempo, porque depois as pessoas tomaram seus escravos de volta. Jeremias condenou esses senhores de escravos. Depois ele recordou:

Assim diz o Senhor, o Deus de Israel: Fiz uma aliança com os seus antepassados quando os tirei do Egito, da terra da escravidão. Eu disse: "Ao fim de sete anos, cada um de vocês libertará todo compatriota hebreu que se vendeu a vocês. Depois de o servir por seis anos, você o libertará". Mas os seus antepassados não me obedeceram nem me deram atenção (Jeremias 34:13-14).

Depois ele lhes diz, pelo fato de eles deixarem de cumprir a aliança de libertar seus escravos, um concerto de proclamação da liberdade, que Deus não os livraria da invasão babilônica.

A tradição judaica da época de Jesus e a que vem logo depois dela tece vários comentários avançados a respeito dos escravos, mas ainda considera a escravidão como normativa. Jesus, do mesmo modo que Paulo, partia do princípio de que os escravos faziam parte da vida normal. Embora não tenhamos indicação de que Jesus ou algum de seus seguidores imediatos possuíam escravos, é possível que eles tenham possuído.

A referência a pessoas escravizadas e as metáforas de escravidão estão presentes em todo o Novo Testamento. A palavra *doulos*, "escravo", aparece 118 vezes. Só o Evangelho de Mateus contém trinta referências. Já perguntei de propósito para os meus alunos quantas vezes a palavra aparece em algum texto do Novo Testamento; geralmente eles erram para menos. Esses escravos em Mateus eram forçados a obedecerem aos seus senhores (8:9) e são completamente sujeitos a eles (10:24); eles pertencem a uma figura que nas parábolas é identificada como Deus (13:27-28; 18:23-32; 21:34-36; 22:3-10; 24:45-50; 25:14-30) e, nessa condição, sofrem surras, tortura e morte, do mesmo modo que o escravo do sumo sacerdote que perde uma orelha por causa de um golpe de espada de Pedro (26:51). Basta uma simples leitura do Evangelho para nos dar uma noção de como a escravidão era normativa e horrível no primeiro século.

Em alguns casos, os leitores atuais são protegidos desse horror. No passar dos séculos, os tradutores bíblicos foram retirando as referências à escravidão de modo que os leitores ficam, com a exceção da narrativa do Êxodo e de alguns comentários nas cartas de Paulo e de Pedro, sem saber que elas existem. Paulo refere a si mesmo como escravo (*doulos*) de Jesus Cristo (por exemplo, Romanos 1:1; Gálatas 1:10; Filipenses 1:1) ou escravo de Deus (Tito 1:1), novamente a maioria das traduções apresenta a palavra "servo" em vez de "escravo". (A *New Revised Standard Version* [NRSV] de fato inclui uma nota apontando que a palavra "escravo" é uma tradução literal de *doulos*). O Magnificat de Maria, a oração linda que começa com "Minha alma engrandece ao Senhor, e meu espírito se alegra em Deus, meu Salvador", contém o versículo: "pois atentou para a humildade da sua *doulē*" (Lucas 1:48): A NVI traduz essa palavra grega como "serva" e a versão King James traduz como "handmaiden", uma das palavras com sentido de "serva" em inglês que antigamente era delicada, mas que a escritora Margaret Atwood transformou em símbolo do fundamentalismo religioso totalmente descontrolado.

Simeão, aquele que saúda o bebê Jesus e a Maria no Templo, ora a Deus: "Agora, Senhor [*despota*, de onde vem a palavra "déspota"], podes despedir em paz o teu servo [escravo (*doulos*)], segundo a tua palavra" (Lucas 2:29). A Almeida Atualizada traduz *despota* de forma correta como "Senhor", mas, em vez de ler *doulos* como escravo, apresenta a palavra "servo". Se pensarmos em nós mesmos como escravos de Deus, será que também estamos dizendo que Deus é um senhor de escravos, mesmo se tratando de um senhor benevolente? Além disso, se rejeitarmos a ideia de Deus como Senhor de escravos, será que, por causa disso, estamos rejeitando a ideia de sermos escravos?

Jesus identifica a si mesmo como escravo, e os seus seguidores também. Quando Jesus lava os pés dos discípulos no capítulo 13 de João, ele não está somente se lembrando de Maria ungindo os seus pés no capítulo anterior; também está agindo como escravo deles. Quando Paulo apresenta o que veio a ser conhecido como "o Hino de Cristo" em Filipenses 2:6-11, ele descreve Jesus como alguém que "esvaziou-se a si mesmo, vindo a ser escravo... ele humilhou-se a si mesmo e foi obediente até à morte, e morte de cruz!" (Filipenses 2:7-8). A crucificação consistia em uma punição associada aos escravos.

Imagino que a maioria de nós tem poucos problemas para entender Jesus como alguém que assume a função de escravo, já que, afinal de contas, Ele é Jesus! Conforme Paulo afirma, Ele conhecia sua origem celestial e sabia que voltaria a ela. Essa escravidão só seria por um tempo. Existe uma diferença imensa entre alguém que é escravizado e uma pessoa que assume a função de escravo. Quando o clero escolhe, na Quinta-feira Santa, lavar os pés das pessoas de algum abrigo para os sem-teto ou de algum campo de refugiados, sabemos que na Sexta-feira Santa eles terão tomado banho e estarão

DECIFRANDO AS PALAVRAS DIFÍCEIS DE JESUS

bem-vestidos diante da igreja, enquanto as pessoas do abrigo ou no campo podem muito bem ser esquecidas enquanto a igreja prossegue para a Páscoa.

Para decidir o que fazer com esses versículos e para entender Marcos 10:44 de forma mais completa, fazemos bem em perguntar primeiro como essa metáfora teria sido ouvida na antiguidade; depois, decidir como ouvi-la; e, então, o que fazer com ela atualmente. Entretanto, é meu dever avisar que passarei algumas informações bem perturbadoras.

Durante o primeiro século na nossa era, um terço da população do Império Romano vivia na escravidão, e muitos mais eram descendentes de escravos. No sistema pagão, os escravos eram bens, portanto, seus senhores poderiam tratá-los de forma perversa, conforme vemos nas parábolas de Jesus.

Ao mesmo tempo, a metáfora de pessoas livres adotando a linguagem do escravo como uma forma de descrever a si mesmas era comum; o foco da metáfora não se concentrava na condição da escravidão ou da pessoa, mas em Deus como o único e verdadeiro Senhor. Por exemplo, o texto hebraico frequentemente chama Moisés de "servo [ou escravo] do SENHOR" (em hebraico, *éved YHWH*). Os tradutores gregos mais antigos não chamavam Moisés de *doulos*; eles traduziam *éved* como *oiketēs* (que vem da palavra grega *oikos*, "casa"), que possui a conotação de um escravo da casa (em vez de um trabalhador no campo). Essa também é a palavra que os tradutores gregos usam para descrever o povo de Israel, como em Levítico 25:42: "Pois os israelitas são meus escravos [em hebraico, *éved*; em grego, *oiketēs*; na NVI, *servos*], a quem tirei da terra do Egito; não poderão ser vendidos como escravos". O cronista (no texto de 1Crônicas 6:49) chama Moisés de "servo [ou escravo] de Deus" (*éved há-elohim*). O rei Davi identifica a si mesmo como servo de Deus (ou escravo: *éved/doulos*; 1Samuel 23:10). Moisés, Davi, Maria, Jesus, Paulo — esses e outros personagens da Bíblia que se identificam ou são chamadas de "servos" ou "escravos de Deus" ou "do Senhor" nada mais são do que *pessoas livres*. Eles usam essas palavras para demonstrar essa liberdade: eles só possuem um Senhor, que é Deus.

De forma irônica, até os escravos na antiguidade reconheciam que os seguidores de Jesus pertenciam a um Senhor mais elevado. Vemos o relato em Atos 16:16-17 de como Paulo e seu companheiro (escrevendo na primeira pessoa do plural e que é entendido de forma popular como sendo Lucas, o evangelista) encontraram "uma escrava que tinha um espírito pelo qual predizia o futuro. Ela ganhava muito dinheiro para os seus senhores com adivinhações". Falando nisso, a palavra utilizada para senhor é *kyrios*, que tem esse significado literal e é a tradução padrão no grego para o tetragrama hebraico YHWH. A escrava costumava seguir Paulo e "Lucas" e, em uma versão antiga de propaganda gratuita, gritar: "Estes homens são escravos [*doulos*] do Deus Altíssimo e lhes anunciam o caminho da salvação".

Com essa informação dos bastidores, podemos agora avaliar e discutir o comentário de Jesus: "e quem quiser ser o primeiro deverá ser escravo de todos" (Marcos 10:44).

A respeito de querer ser o primeiro

A declaração de Jesus não é tão lógica à primeira vista. O oposto de "primeiro" deve ser "último", e não "escravo". A outra frase de Jesus que é mais comentada é mais lógica: "muitos primeiros serão últimos, e muitos últimos serão primeiros" (por exemplo, Mateus 19:30; 20:16; Marcos 10:31; Lucas 13:30). Portanto, para entender a promoção que Jesus faz da identidade do escravo, precisamos avaliar o que indicava ser o "primeiro".

Os "primeiros" não eram somente "livres" da escravidão, eles eram tanto ricos como importantes na sociedade. A palavra grega para "dirigente", *archōn*, está relacionada com o sentido de "primeiro" (o prefixo *arch* é a origem de algumas palavras como "arcaico" ou "arqueologia"). Os *archōns*, classificados dessa maneira, de fato aparecem no Novo Testamento. Nosso primeiro exemplo é Jairo, o dirigente (como está em Mateus 9:18; ou "líder" na *New Revised Standard Version* [NRSV]) ou "líder da sinagoga" (Marcos 5:22; Lucas 8:41; "líder" na NRSV). A palavra não indica algum rabino o líder do clero, mas um patrono, a pessoa que providencia a construção e outros recursos para a comunidade local. Algumas inscrições da época atribuem o mesmo termo que Marcos usa, *archisynagōgos*, a mulheres (com a mudança para o feminino *archisynagōga*). Logo, tanto homens quanto mulheres poderiam estar entre os "primeiros", os líderes com riqueza e posição social.

Lemos em Lucas 14:1 a menção do "primeiro" entre os fariseus, que a NVI traduz como "fariseu importante", e em Lucas 18:18 reencontramos nosso "príncipe rico e jovem" — porque, conforme vimos no capítulo 1, *archōn* é a palavra traduzida como "líder". Por fim, já que essa lista vai longe, o Evangelho de João descreve Nicodemos como um *archōn*, um "líder" ou "primeiro" (principal) dos fariseus.

Agora sabemos como são esses "primeiros": eles não são simplesmente ricos. São pessoas a quem as outras recorreriam quando precisam de ajuda ou de um conselho. Eles possuem capital social e posição social; são as celebridades, os influenciadores, os ricos e famosos, e ninguém costuma contrariá-los. A versão *King James* traduz essa palavra de forma eficaz como "principal chefe". Por outro lado, eles são os que tomam as decisões, que possuem a responsabilidade; são aqueles do qual os outros dependem.

O comentário de Jesus nesse ponto nos apresenta dois grupos de pessoas: os primeiros e aqueles que desejam ser os primeiros. Podemos colocar em outras palavras: as autoridades e aqueles que querem governar; os responsáveis e aqueles que desejam uma responsabilidade maior. Cada grupo exige a sua própria mensagem e, conforme vimos, Jesus está longe de ser um mestre convencional.

Para aqueles que querem ser os primeiros, Jesus dá o aviso padrão para tomar cuidado com o que deseja. Assim, a declaração controversa de Jesus pode ser vista como uma resposta direta a Tiago e João, aqueles dois "filhos do trovão", mas, em Marcos 10:35, eles são chamados de "filhos de Zebedeu" (como se tivessem regredido), que se aproximam de Jesus com o comentário tímido: "Mestre, queremos que nos faças o que vamos te pedir" (Marcos 10:35). Com essa saudação inicial de "Mestre", nós, leitores, já estamos preparados para saber que há um problema pela frente. O pedido é o seguinte: "Permite que, na tua glória, nos assentemos um à tua direita e o outro à tua esquerda" (Marcos 10:37). Fala sério! Depois de toda a instrução de que "os últimos serão os primeiros, e os primeiros serão os últimos", esses camaradas querem um lugar de honra? Cuidado com o que você deseja. Jesus, de forma bem-educada (pelo menos acredito que o seu tom de voz era gentil) pergunta a eles se eles podem beber do cálice que Ele beberá, o cálice que Ele busca evitar no Getsêmani; Ele pergunta a eles se podem suportar o batismo pelo qual Ele passou, referindo-se ao seu sofrimento e à sua morte que Ele tem que suportar antes de ressuscitar para sua nova vida. Jesus lhes diz em seguida que eles, do mesmo modo que Ele, sofrerão e morrerão, mas não cabe a Ele conceder que "assentem à minha direita ou à minha esquerda" (10:40); esses lugares já estão reservados. Os leitores cuidadosos do Evangelho de Marcos sabem que as pessoas do lado esquerdo e do lado direito de Jesus serão os dois ladrões que foram crucificados junto com Ele no Gólgota (Marcos 15:27).

No capítulo 19 de Lucas, Jesus conta uma parábola a respeito de um nobre que deu a dez de seus escravos dez *minas* (uma tradução inglesa comum é "libra", a quantia se expressa em *talentos*) para investir. Quando o nobre, depois de uma viagem, volta para ver o que aconteceu com seu depósito, o primeiro escravo proclama: "Senhor [*kyrios*], a tua mina rendeu outras dez" (Lucas 19:16). O "senhor" responde: "Muito bem, meu bom servo! Por ter sido confiável no pouco, governe sobre dez cidades" (19:17). Quem precisa de mais trabalho do que isso?

Na minha sinagoga, embora seja respeitada por causa do meu conhecimento acadêmico, e embora (eu acho) geralmente as pessoas gostem de mim, não estou entre os "primeiros" quando se trata de funções litúrgicas. Como sou uma mulher em uma sinagoga ortodoxa, eu não carrego o rolo da lei, nem faço a leitura na congregação durante o culto, nem lidero as orações da comunidade. Não fico muito contente com esse sistema e acredito que a maneira de fazer as coisas mais equilibradas para as mulheres — já que a doutrina de "separados, mas iguais" geralmente prejudica o grupo "separado" — consiste em uma mescla de educação e perseverança. Portanto, eu permaneço na congregação, que em outros sentidos me alegra muito. Uma razão pela qual posso continuar sem tanto desgaste para minhas convicções feministas é que as atividades que me proíbem fazer são exatamente as atividades que não quero fazer. Não quero carregar uma Torá (como faço nas congregações mais liberais); nem quero fazer a leitura da Torá na congregação (isso exige muita prática, especialmente o aprendizado da cantilena); muito menos quero liderar a congregação. Só quero me sentar no meu lugar, recitar as palavras que lembro que meu pai e minha mãe recitavam e conversar com a minha amiga Roberta que se senta ao meu lado. Em outras palavras, não quero ser a "primeira"; nem quero ser líder; não quero ter essa responsabilidade.

Para aqueles que *foram os primeiros*, aos líderes da comunidade que se reuniu em torno do nome de Jesus, o versículo de Marcos equivale mais a uma declaração de um fato do que uma predição: a boa liderança, e especificamente a liderança das pessoas reunidas em nome de Jesus, consistia mais na porta estreita do que no caminho largo. Líderes como Pedro, Paulo e Tiago tinham que lidar com problemas de brigas internas, da rejeição do sistema sacerdotal em Jerusalém e do sistema romano em todos os lugares, da explicação da demora da volta de Jesus e de manter as pessoas — essa família nova de fé — unidas em uma esperança vigilante. Se eles cumprirem sua obra de forma correta, que indica levar a uma maior glorificação a Deus e não para uma autopromoção, passarão a se sentir como escravos: sem tempo para si mesmos, sem nenhum minuto para descansar, enfrentando a perseguição tanto dentro da comunidade como dos que estavam de fora. Os "primeiros" também enfrentariam o martírio, porque Herodes Agripa I acabaria matando Tiago, irmão de João (veja Atos 12:2).

O que permitiu que esses "primeiros" no movimento perseverassem foi o seu conhecimento de que Deus estava no controle final, de que existia uma recompensa celestial para o seu trabalho e que, ao se tornarem escravos da comunidade, por sua livre e espontânea vontade, eles estavam seguindo o modelo de seu Senhor. Não havia nada que Jesus tinha pedido além daquilo que ele mesmo havia feito.

"Deverá ser escravo de todos"

Para pessoas em posição de autoridade, tanto naquela época como atualmente, a instrução para ser um escravo de todos pode ser uma boa notícia. A linguagem do escravo faz com que as pessoas se lembrem de que existe um Senhor supremo, na verdade um senhor que, nos Evangelhos, é aquele que "os resgatou". Paulo diz aos crentes gentios de que cuidava: "Vocês foram comprados por alto preço; não se tornem escravos de homens" (1Coríntios 7:23; cf. 6:20), já que "aquele que, sendo escravo, foi chamado pelo Senhor, é liberto e pertence ao Senhor; semelhantemente, aquele que era livre quando foi chamado, é escravo de Cristo" (1Coríntios 7:22). Portanto, os líderes, do mesmo modo que os escravos, não podem "se assenhorear dos outros". A função deles é de servir em vez de ser servido.

Pode haver, para as pessoas que já estão em autoridade, um alívio imenso em entregar o controle para Deus. Tendo Deus como a autoridade suprema, deixamos de ter a obrigação de exercê-la. Outra maneira de expressar essa ideia é dizer que, quando temos Deus como Senhor supremo, "a minha escravidão é a minha liberdade".

Além disso, pensar em si mesmos como escravos também implica reconhecer que existem pessoas escravizadas em nosso tempo, logo, devemos lutar pela sua liberdade. Do mesmo modo, orar pelo "pão nosso de cada dia" e não alimentar os famintos enquanto possuímos os recursos para fazer isso seria algo hipócrita.

Para alguns, provavelmente segundo Paulo de Tarso, para os seguidores de Jesus, ver a si mesmos como escravos de Deus consiste na linguagem final da liberdade, já que indica que nada nem ninguém mais está no controle de sua vida. A metáfora funcionou para as congregações de Paulo, congregações que sentiam na pele o que significava ser comprado ou vendido. Se alguém considera Jesus como seu "Redentor", então a linguagem do escravo, pelo menos no primeiro século, carregava um sentido emocionalmente profundo.

Para quem era escravo de fato, ou para as pessoas que não estavam entre os "primeiros", esse mandamento de ser escravo pode assumir um sentido mais pernicioso. Frederick Douglass deixou isso bem claro em sua obra-prima de 1845 intitulada *My Bondage and My Freedom* [Minha escravidão e minha liberdade] que essas palavras são antitéticas.

Dizer as pessoas que são escravas que sua situação consiste no modelo de liderança da igreja não os livra do trabalho duro e dos horrores desse sistema. As pessoas que estão em cargos de liderança e que, portanto, são "escravas de todos" no movimento de Jesus escolhem a sua porção ou, usando a linguagem teológica, possuem uma vocação, um chamado ao qual devem atender. Os escravos na antiguidade, em sua maioria, não tinham escolha: eles eram comprados e vendidos, como uma ovelha ou um móvel da casa.

Será que Deus é um senhor de escravos?

Se avaliarmos que a metáfora de "escravo de Deus" permanece viável — gostaria de repetir que existem razões para usá-la e para deixar de usá-la —, então precisamos dar o próximo passo e discernir se é possível ver Deus como senhor de escravos. Do mesmo modo que é fácil para algumas pessoas afirmar a imagem de escravo de Deus ou de escravo de Cristo, ou ver Jesus como "escravo de todos", acho que é difícil para a maioria das pessoas pensar em Deus como um dono de escravos. A metáfora parece funcionar somente em uma direção.

Pensar em Deus como senhor de escravos estabelece um modelo potencialmente doentio para a humanidade. Os escravos na antiguidade, que estavam sujeitos a serem espancados, marcados, açoitados e torturados, obedeciam a seus senhores principalmente por causa do medo. Pensar em Deus como senhor de escravos indica que não correspondemos a Ele com amor e não agimos por amor. Em vez disso, agimos com medo da dor e da tortura.

Além disso, a ideia de dizer aos filhos que Deus é um senhor de escravos e que somos escravos traz duas consequências principais, e nenhuma delas é boa. A primeira é que isso pode sugerir que ser um senhor de escravos é bom. Se isso funciona para Deus, então isso é suficientemente bom para a humanidade. Promover essa ideia também é sugerir que a escravidão é boa e que, de fato, faz parte da vontade de Deus. Já a segunda é que dizer aos filhos que Deus, do mesmo modo que o senhor de escravos, os torturará ou venderá se eles não se comportarem direito equivale a fazer com que várias pessoas saiam da igreja ou permaneçam dando muito trabalho à equipe de aconselhamento. Com certeza existe uma linguagem melhor.

Temos outras metáforas para Deus. A linguagem do "Pai" ficava no mesmo nível da linguagem de "senhor" e "marido": os filhos deviam ser obedientes e se sujeitarem a seus pais (principalmente ao pai); a esposa ao seu marido, e o escravo ao seu senhor (veja, por exemplo, Efésios 5:21—6:9). Os pais, porém, também eram conhecidos por amar seus filhos, proporcionar provisão e proteção à família, e serem modelos de benevolência.

Será que devemos considerar Deus como pai, como Senhor ou até mesmo como um cônjuge? O Israel antigo usava a metáfora de ser esposa de Deus, participante de um concerto de amor, e a tradição judaica interpretava o Cântico dos Cânticos (que às vezes é chamado de Cantares de Salomão, ou simplesmente Cantares) como uma canção que retrata o amor entre Deus e Israel. Lemos a afirmação em Efésios 5:23: "Pois o marido é o cabeça da mulher, como também Cristo é o cabeça da igreja, que é o seu corpo, do qual Ele é o Salvador". Os cristãos leem o Cântico dos Cânticos de forma particular como expressando o amor entre Cristo e a igreja, ou entre Cristo e a alma de cada cristão.

Pensamos em Deus de várias formas, como pai, como nosso amado ou marido e como Senhor. O Evangelho de João nos traz outra opção. Jesus diz a seus discípulos: "Já não os chamo servos [a palavra grega é *douloi*, "escravos"], porque o servo [*doulos*] não sabe o que o seu senhor [*kyrios*, "senhor"] faz. Em vez disso, eu os tenho chamado amigos, porque tudo o que ouvi de meu Pai eu lhes tornei conhecido" (João 15:15). Alguns dos meus alunos acham a ideia de chamar Deus de amigo informal demais, até mesmo presunçoso, como se Deus fosse meu chegado, meu parça, um carinha qualquer. Algumas pessoas desejam uma linguagem que transmite mais poder, como "senhor" (*kyrios*), ou mesmo pai.

Uma vez que começamos a especular a respeito de metáforas, muitas outras surgem em nossa mente: pastor ou cordeiro, rocha, redentor e fonte. No Yom Kippur, o Dia da Expiação no ano litúrgico judaico, a congregação recita um hino medieval baseado em Jeremias 18:6: "'Ó comunidade de Israel, será que não posso eu agir com vocês como fez o oleiro?' pergunta o Senhor. 'Como barro nas mãos do oleiro, assim são vocês nas minhas mãos, ó comunidade de Israel'". Esse hino começa assim: "Como o barro na mão do oleiro — ele o aumenta ou diminui como quer —, assim somos em tua mão, ó bom Preservador", e ele continua falando da relação da congregação com Deus: "Como a pedra na mão do cortador, como o machado na mão do ferreiro, como a âncora na mão do marinheiro, como o vidro na mão daquele que o sopra, como a cortina na mão da bordadeira".

Vemos outra metáfora em Apocalipse 22:13, conforme Cristo afirma: "Eu sou o Alfa e o Ômega, o Primeiro e o Último, o Princípio e o Fim" (cf. Apocalipse 1:17; 2:8). Com essa visão, ninguém é primeiro nem último, mas todos estamos envolvidos na esfera divina. Além disso, ninguém é escravo, porque o Apocalipse condena os mercadores que vendem "corpos" (em grego, *sōma*), dando a entender "vidas humanas" (18:13).

Pensamentos finais

Nem todos os discípulos de Jesus vendem tudo o que tem e dão aos pobres. Também sabemos, com base no capítulo 5 de Atos, a história de Ananias e Safira, que o sistema comunitário de compartilhar todos os recursos entrou em colapso.

Os discípulos de Jesus não odeiam seus pais, suas esposas ou seus filhos, embora eles possam dar essa impressão. Em vez disso, eles estendem o amor dos parentes próximos para todas as mães, e irmãos, e irmãs da família que Jesus chama à existência.

Os discípulos de Jesus não se tornam escravos, embora aqueles que praticam seu discipulado de forma completa possam dar a impressão e até hoje sintam que são escravos, falando de forma metafórica. Os crentes da antiguidade que eram livres continuavam livres, porque essa é a maneira pela qual eles poderiam continuar a proclamar o

DECIFRANDO AS PALAVRAS DIFÍCEIS DE JESUS

evangelho. Os que eram escravos, especialmente no mundo gentio, agora tinham uma figura divina que os entendia perfeitamente, que sofria junto com eles e que os recompensaria por sua fidelidade.

Por fim, os discípulos de Jesus — apesar do apoio que o Novo Testamento dá à escravidão (bem como à subordinação da mulher ao marido) — concluíram que a escravidão não passava de um pecado. Porém, ao darmos atenção ao fato de que Jesus falava de escravos e da escravidão, geralmente nos recordamos de nossas próprias histórias de termos sido escravos e termos passado pela escravidão. Lembramos que as pessoas ainda estão sendo escravizadas e que o tráfico humano está florescendo em algumas partes do mundo. Nós, que estamos nos EUA, somos lembrados do nosso próprio legado de escravidão e de seus efeitos que permanecem até hoje. Somos lembrados de que a liberdade de todos começa na liberdade de cada um. Além disso, todos no mundo cristão sempre são lembrados do que Jesus de Nazaré fez — da escravidão até a morte — para libertá-los.

A questão acerca do comentário que Jesus fez sobre "quem deseja ser o primeiro entre vocês tem que ser escravo de todos" é passível de ser proclamado, ou se ele é considerado conivente demais com a promoção da escravidão, ou mesmo se ele é prejudicial demais para aqueles que ainda possuem o ranço da escravidão, precisará entrar na pauta das discussões dentro das congregações cristãs e também nas discussões umas com as outras. As respostas necessariamente variam. Se Deus quiser, essa discussão criará compreensão em vez de divisão. E graças a Deus que essa discussão está sendo feita atualmente!

Capítulo 4

NÃO SE DIRIJAM AOS GENTIOS

"Não se dirijam aos gentios, nem entrem em cidade alguma dos samaritanos. Antes, dirijam-se às ovelhas perdidas de Israel."

MATEUS 10:5B-6

Há 37 anos, eu defendi minha dissertação sobre esse versículo. Queria chamar essa tese de "Mateus e a posição missionária", mas a faculdade rejeitou o título, embora eles realmente concordassem que o tema era adequado. Esses versículos eram vistos como um problema na época, e no estudo do Evangelho de Mateus eles continuam sendo. Por que Jesus diria a seus discípulos para não levar sua cura e seu exorcismo aos gentios? Por que ele ordenaria a seus seguidores para não falar com os samaritanos? Também não fica claro quem eram essas "ovelhas perdidas". Além do mais, por que ele *repetiria* essa ideia em sua conversa com uma mulher cananeia que estava desesperada para que ele expulsasse o demônio de sua filha? Ele não somente recusou o seu pedido, como também disse a ela o seguinte: "Eu fui enviado apenas às ovelhas perdidas de Israel" (Mateus

15:24). Para piorar as coisas, Jesus disse à mulher: "Não é certo tirar o pão dos filhos e lançá-lo aos cachorrinhos" (Mateus 15:26).

As perguntas continuam. Como essa limitação da missão — o termo técnico é o *"logion* da exclusividade", que indica declarações sobre a exclusividade da missão — se encaixam com o restante do Evangelho, que é todo temperado por gentios (apesar de Pôncio Pilatos)? O Evangelho começa com um gentio, Abraão, e depois continua mencionando mais gentios na genealogia: Tamar, Raabe, Rute e Urias. Os magos, que são astrólogos persas, seguiram a estrela para encontrar Jesus no segundo capítulo, e, no país gentio do Egito, José, Maria e Jesus permaneceram na condição de refugiados.

Os versículos de Mateus 4:13-16 contam que Jesus saiu de sua casa em Nazaré e se mudou para Cafarnaum, uma cidade dessa região repartida para as tribos de Zebulom e Naftali, para cumprir a profecia de Isaías 9:1-2:

No passado ele humilhou a terra de Zebulom e de Naftali,
mas no futuro honrará a *Galileia dos gentios,*
o caminho do mar, junto ao Jordão.
O povo que caminhava em trevas viu uma grande luz;
sobre os que viviam na terra da sombra da morte
raiou uma luz (itálicos nossos).

Os versículos refletem os tempos antigos em vez de o primeiro século, já que a baixa Galileia na época de Jesus era predominantemente

NÃO SE DIRIJAM AOS GENTIOS

judaica. Entretanto, a área ao redor de Tiro, uma região para qual Jesus se retirou no capítulo 15 de Mateus, onde ele encontra a mãe cananeia que tinha uma filha endemoninhada, foi repartida para as tribos de Aser, Dã e Naftali. A citação que Mateus faz do cumprimento dessa profecia, portanto, é o sinal de Mateus que Jesus se mantém a princípio dentro das fronteiras clássicas do Israel antigo e não passa muito tempo com os gentios nem entra em nenhuma cidade de Samaria. Na verdade, a única referência que Mateus faz aos samaritanos consiste nesse versículo.

Seguindo os capítulos 5 a 7 de Mateus, o Sermão do Monte, Jesus cura várias pessoas, inclusive um *pais* [a palavra grega pode ter o significado de "filho", mas provavelmente nessa passagem indica "escravo", que é o modo que a versão de Lucas o identifica] de um centurião (gentio). Jesus comenta a respeito desse centurião: "Digo-lhes a verdade: Não encontrei em Israel ninguém com tamanha fé" (Mateus 8:10). Em Mateus 8:28-34, Jesus expulsa o demônio de dois homens na "região dos gadarenos" (8:28), que fica a cerca de dez quilômetros a sudeste do Mar da Galileia e dois quilômetros das cidades helenizadas de Decápolis, uma liga de dez (em grego: *deka*) cidades (em grego, *pólis*). Os demônios fogem para uma manada de porcos. Esses porcos indicam a presença de população gentia, já que as leis dietéticas judaicas proíbem o consumo de porco (veja Levítico 11:7; Deuteronômio 14:8). Mesmo com ele planejando uma missão naquele lugar, ela foi cancelada quando, depois dos porcos terem morrido afogados, "Toda a cidade [...] suplicou-lhe que saísse do território deles" (Mateus 8:34).

DECIFRANDO AS PALAVRAS DIFÍCEIS DE JESUS

A despeito desse revés inesperado em Gadara, quando chegamos no capítulo 10, o "discurso da missão" de Mateus, devemos esperar algum comentário introdutório a respeito da evangelização do mundo, ou, de forma mais modesta, uma ausência de restrições à missão.

Por fim, esse *logion* da exclusividade (essa expressão tem um jeito todo acadêmico de ser!) parece ser incoerente com o final do Evangelho de Mateus, em que o Jesus ressuscitado proclama sua Grande Comissão (outro termo técnico) para os onze discípulos que permaneceram: "Foi-me dada toda a autoridade no céu e na terra. Portanto, vão e façam discípulos de todas as nações [no grego: *ethne*, origem da palavra "étnico": por favor, lembre-se dessa palavra, porque a sua tradução influencia o modo pelo qual entendemos o evangelho de Mateus], batizando-os em nome do Pai e do Filho e do Espírito Santo, ensinando-os a obedecer a tudo o que eu lhes ordenei. E eu estarei sempre com vocês, até o fim dos tempos" (Mateus 28:18b-20 — já deu para imaginar que eu passarei a conversar sobre detalhes da versão *New Revised Standard Version* [NRSV]).

A avaliação de como Mateus 10:5b-6 funciona dentro do Evangelho nos remete à história dos estudos acadêmicos dessa declaração, em que vemos como os comentaristas têm contribuído para promover estereótipos negativos sobre Jesus e sobre as mulheres. Nela também encontramos caminhos para corrigir esses erros. Aprendemos sobre a missão original de Jesus e a sua interação perturbadora (pelo menos para mim) entre ele e a mulher cananeia. Descobrimos novamente como as escolhas de tradução influenciam o nosso entendimento do Evangelho. Por fim, temos a oportunidade de discutir os problemas e as possibilidades tanto do particularismo quanto do universalismo — e, portanto, do evangelismo — que são temas de continuam despertando um grande interesse em muitas igrejas nos dias de hoje.

Desafiando o consenso

A passagem de Mateus 10:5b-6 sempre me pareceu estranha, mas não pelas razões que impressionaram a maioria das outras pessoas em meus seminários na graduação ou que tinham publicados comentários sobre o primeiro Evangelho. Eu a achava estranha porque parecia antitética para a mensagem cristã universal na qual, pelo menos na teoria, "Não há judeu nem grego, escravo nem livre, homem nem mulher; pois todos são um em Cristo Jesus" (Gálatas 3:28).

As minhas perguntas iniciais eram bem mais comuns. Eu me perguntava por que Jesus precisaria dizer a seus discípulos para não se dirigirem aos samaritanos ou aos gentios. Duvido que essa limitação da missão a princípio tivesse passado pela mente dos Doze. Até onde se pode deduzir do Sermão do Monte, os judeus podiam entender e apreciar os ensinos de Jesus, mas algumas de suas declarações seriam incompreensíveis para os judeus e inadequadas para os samaritanos. Sua mensagem sobre como entender a Torá e os profetas não faria sentido para os gentios, nem para os samaritanos, que tinham sua própria versão do Pentateuco (conhecido de forma acertada nos estudos acadêmicos como Pentateuco Samaritano) provavelmente não receberia bem os representantes de um movimento judaico.

DECIFRANDO AS PALAVRAS DIFÍCEIS DE JESUS

Havia também a questão da época. Como não existiam trens, aviões nem automóveis, os discípulos teriam que viajar a pé ou, se tivessem muita sorte, montando um burro. Pensando que a era messiânica estava no princípio, eles não teriam tempo de ir aos gentios se tivessem que se dirigir primeiro a seu próprio povo. De fato, Jesus dirá a eles alguns versículos adiante desse *logion* de exclusividade: "vocês não terão percorrido todas as cidades de Israel antes que venha o Filho do homem" (10:23b).

Ao descrever essa missão restrita, Jesus dá aos discípulos muita coisa para fazer. Eles deviam falar para seus companheiros judeus — aos amigos, parentes e outros membros do povo de Israel. Eles proclamariam: "O Reino dos céus está próximo" (Mateus 10:7). Depois eles demonstrariam a legitimidade de sua declaração curando doentes, ressuscitando os mortos, limpando os leprosos e expulsando os demônios (Mateus 10:8). Em comparação com a versão de Marcos das instruções missionárias, Mateus dá aos discípulos uma atualização importante quanto ao que eles devem fazer. Marcos relata que Jesus os enviou "de dois em dois e deu-lhes autoridade sobre os espíritos imundos" (Marcos 6:7). Segundo Marcos, os discípulos — que começaram a anunciar sua mensagem com a proclamação de que todos devem se arrepender — "expulsavam muitos demônios, ungiam muitos doentes com óleo e os curavam" (Marcos 6:13). Não se cita nessa passagem a ressurreição dos mortos. Lucas retrata a missão dos setenta, que são enviados para curar os doentes. Os setenta trazem o seguinte retorno para Jesus: "Senhor, até os demônios se submetem a nós, em teu nome" (Lucas 10:17).

NÃO SE DIRIJAM AOS GENTIOS

No caso de você estar imaginando se os discípulos realizaram todos esses milagres, não encontramos essa resposta no Evangelho de Mateus. O capítulo 10 apresenta as instruções de Jesus sobre o que fazer e o que se devia esperar durante a missão, mas esse Evangelho nunca retrata os Doze, por si mesmos, partindo da presença de Jesus para proclamar as boas-novas. Para saber desses detalhes, temos que recorrer a Marcos e Lucas.

Provavelmente Jesus tenha enviado seguidores para levar seus companheiros judeus ao arrependimento do mesmo modo que João Batista (veja Mateus 3:2) e para trazer a quem atendia o alívio dos demônios e das doenças. Eu não o tipo de pessoa que creditaria tudo aos demônios — já vi seres humanos fazerem coisas terríveis por iniciativa própria. Se existirem demônios, eu não teria o mínimo interesse de encontrá-los. Entretanto, essa ideia de enviar pessoas para expulsar demônios e realizar curas, no contexto do arrependimento, faz sentido para mim. Quando sabemos que fizemos algo errado e que não fizemos restituição nem recebemos a expiação, a nossa consciência deve nos perturbar. Essa culpa, se não for reconhecida nem corrigida, pode criar dificuldades físicas ou mentais. Portanto, os discípulos em sua missão trazem aos que lhe oferecem hospitalidade uma oportunidade de fazer uma confissão, de lidar com a culpa e fazer o que podem para receber a devida expiação. Os discípulos oferecem uma nova liberdade do sofrimento derivado da culpa, uma cura. A mensagem ainda é válida para o tempo atual, especialmente para aqueles que são muitos orgulhosos para admitir que estão errados ou que cometeram erros, e ainda assim são alfinetados por uma consciência culpada.

Voltando agora para a questão da missão restrita: se a mensagem é tão judaica assim, o que acontece com os gentios quando o reino deixar de somente estar próximo, mas realmente chegar? Os discípulos provavelmente acreditavam que, quando o reino chegasse, quando "o lobo viverá com o cordeiro, o leopardo se deitará com o bode, o bezerro, o leão e o novilho gordo pastarão juntos; e uma criança os guiará" (Isaías 11:6), que os gentios abandonariam seus deuses locais ou imperiais, passariam a adorar o Deus de Israel e fariam peregrinações para Jerusalém. Logo, os discípulos não precisariam visitar os gentios: Deus os convocaria depois que Israel tivesse ouvido as boas-novas. Os discípulos seriam como os Profetas Posteriores de Israel — Isaías, Jeremias, Ezequiel, indo até Malaquias — que fazem uma proclamação para Israel, não para os gentios. Na verdade, o único profeta posterior que foi comissionado para ir aos gentios foi Jonas.

Portanto, cheguei a duvidar de que Jesus tivesse dito a seus discípulos para permanecerem entre as "ovelhas perdidas da casa de Israel", pois não haveria necessidade para Ele pedir tal coisa.

Os vários comentários que leio sobre Mateus empregaram abordagens diferentes que me atingiram tanto por serem incorretos quanto por serem antijudaicas na prática, ainda que não tenha havido essa intenção (não quero com isso acusar ninguém de intolerância). Reconheço que essa questão me afeta bastante, portanto, veja o que você acha quanto a isso. Existem duas explicações comuns a respeito do *logion* de exclusividade.

NÃO SE DIRIJAM AOS GENTIOS

A primeira, que tem sido proposta por vários especialistas do extremo conservador da gama de estudos bíblicos, afirma que Jesus disse essas palavras. Essa abordagem representa a visão maximalista: Jesus disse tudo o que os Evangelhos atribuem a Ele, a menos que se possa provar o contrário (o que, na verdade, é impossível). Entretanto, esses mesmos especialistas também acharam essa declaração superficial e exclusiva, e que destoava bastante do universalismo que eles acreditavam que o seu Senhor e sua igreja proclamam. Eles ainda achavam que essa declaração, bem como a sua repetição em Mateus 15:24, não se encaixavam na Grande Comissão. Por isso, eles refletiram que Jesus teve de restringir a missão aos judeus para que os judeus acabassem sendo condenados por deixarem de segui-lo. Eles imaginavam que o pensamento de Jesus fosse o seguinte: "Eu lhes dei uma chance, vocês a tiveram, mas vocês me rejeitaram, e agora vocês estão condenados". Essa explicação me soou bem anticristã.

Já a segunda explicação é que nem Jesus nem Mateus fizeram essa declaração (apesar de ela aparecer por duas vezes no Evangelho). Esses especialistas chegaram à conclusão de que Jesus não teria dito isso, já que Ele ama a todos. Mateus não teria dito isso, já que o Mateus evangelista (cristão) teria apoiado a missão aos gentios. Portanto, como esses especialistas deduziram, se essa declaração não vem de Jesus, muito menos da mão do evangelista, ela necessariamente veio de uma fonte utilizada por Mateus.

Os especialistas falam às vezes a respeito da fonte M, um documento hipotético que contém material exclusivo do primeiro Evangelho, como as parábolas dos trabalhadores na vinha (Mateus

20:1-15) e das dez virgens (Mateus 25:1-12). Então, eles concluíram que M foi produzido por um enclave limitado de seguidores judeus de Jesus, seguidores que queriam que a mensagem ficasse restrita a eles e que acabaram discordando da participação gentia. Mateus encontrou essa declaração em suas fontes, a manteve, mas expressou sua discordância ladeando essa narrativa com gentios fiéis e encerrando o Evangelho com a Grande Comissão.

O problema com esse argumento é que não possuímos provas cabais de que alguns seguidores de Jesus rejeitaram a ideia da missão gentia. Quando Pedro disse em Atos 10:28: "Vocês sabem muito bem que é contra a nossa lei um judeu associar-se a um gentio ou mesmo visitá-lo. Mas Deus me mostrou que eu não deveria chamar impuro ou imundo a homem nenhum", ele estava simplesmente equivocado. Essa não foi a primeira vez. Se fosse ilegal a convivência entre judeus e gentios — e observe que Pedro não cita nenhuma lei, já que ela não existe —, então o Pátio dos Gentios no Templo não faria sentido, nem o acolhimento dos gentios que eram conhecidos como "tementes a Deus" na sinagoga (veja, por exemplo, Atos 13:16, 26). Se os judeus não pudessem conviver com gentios, seria muito estranho que os anciãos judeus tivessem pedido a Jesus para curar o escravo de um centurião que, como eles disseram, amava a nação judaica e tinha construído uma sinagoga (Lucas 7:5).

Até onde sei, os seguidores de Jesus nunca tiveram problema para evangelizar os gentios. Os problemas surgiram com relação ao que esses novos membros do movimento deviam fazer. Havia algumas opções: será que eles deviam se converter ao judaísmo? Será que

NÃO SE DIRIJAM AOS GENTIOS

deveriam seguir algumas leis judaicas, como as leis dietéticas, por exemplo, mas não outras, como a circuncisão? Ou mesmo continuarem a ser gentios, mas deixarem de cultuar os deuses locais ou imperiais para adorar o Deus único? Essa última visão era dominante e foi a única que prevaleceu (como podemos perceber a partir das cartas de Paulo e do capítulo 15 de Atos).

Minha conclusão é que atribuir a declaração em análise a uma fonte hipotética M e depois inventar uma comunidade M que não queria que os gentios se juntassem por acharem que as boas-novas se limitavam aos judeus me parece uma hipótese insustentável que se nutre do desconhecimento da vida judaica do primeiro século.

Qual é a origem do versículo problemático do capítulo 10 que estamos analisando e da sua repetição no capítulo 15? É possível que Jesus tenha feito esse comentário. Ele demonstra que Ele é o Messias judeu — e acho que Ele se via como alguém que cumpria essa função, como aquele que é "ungido" (é isso que a palavra *messias* significa; a tradução grega é *christos*) para levar Israel a se arrepender e viver como se já tivesse um pé no mundo vindouro, que é a era messiânica. Provavelmente Ele acreditava que Deus traria os samaritanos e os gentios para a comunhão por meio de um decreto depois que as boas-novas do reino tivessem alcançado a Israel.

Acho que é possível que Mateus tenha colocado as declarações de exclusividade nos lábios de Jesus a título de explicação para seus leitores gentios sobre a razão de Jesus não os ter visitado. Agora, alguns de vocês podem estar pensando: "Mas será que eu não ouvi falar que Mateus era um autor judeu escrevendo um Evangelho judeu para crentes judeus e possíveis crentes em Jesus?" Com certeza você provavelmente ouviu dizer algo assim, porque esse retrato da identidade e do público de Mateus tem sido a visão popular por mais de um século. Porém, não há nenhuma razão plausível para supor que Mateus somente tinha os judeus em mente como destinatários do seu Evangelho. Na verdade, o Evangelho de Mateus era o mais popular no segundo século nas igrejas predominantemente gentias, conforme sabemos a partir do número de cópias manuscritas e de citações dos pais da igreja. Acho que Mateus estava escrevendo para qualquer pessoa interessada em conhecer mais a respeito de Jesus e, em particular, em saber sobre a fidelidade de Jesus à Torá.

Já que as assembleias gentias fundadas por Paulo e por outros evangelistas não estavam, em sua maioria, engajadas nas práticas que separavam os judeus dos gentios — como as leis dietéticas, a guarda do sábado, a circuncisão masculina, as festas de peregrinação — naturalmente surgiam questões sobre a relação do próprio Jesus com a Torá. Por isso, Mateus introduz o Sermão do Monte com a afirmação de Jesus de que Ele não veio para abolir a Torá, mas para cumpri-la (Mateus 5:17).

Mateus, escrevendo para um número cada vez maior de destinatários gentios, precisou explicar o motivo pelo qual Jesus não estabeleceu uma missão centrada nos gentios. O Evangelho faz isso retratando uma missão em duas fases: a primeira para as ovelhas perdidas da casa de Israel e a segunda que começa com a Grande Comissão, para todas as outras pessoas. Portanto, Mateus segue a mesma lógica do cronograma que Paulo, de que o evangelho é o "poder de Deus para salvação de todo aquele que crê, primeiro do judeu e também do grego" (Romanos 1:16). Por isso, as *logia* de exclusividade de Mateus 10:5b-6 e 15:24 não têm nada a ver com o preconceito antijudaico. Em vez disso, elas estão vinculadas ao cronograma de Deus, à fidelidade de Deus ao povo de Israel e ao que realmente aconteceu, já que Jesus não inaugurou nenhuma missão para os gentios.

Nesse ponto do Evangelho, Mateus nos conta algo mais. Essa ausência da missão realizada pelos discípulos também me incomodava até quando eu comecei a ensinar em uma faculdade teológica. Conforme já observamos, existe um Discurso de Missão, mas os discípulos no Evangelho de Mateus não se dirigem à missão logo em seguida. Eles permanecem com Jesus. Muitos dos meus estudantes maravilhosos querem salvar o mundo. Porém, eles precisam começar, na prática, com o Discurso Missionário no capítulo 10 de Mateus, e não esperar até a Grande Comissão. Antes de evangelizar, vale a pena conhecer toda a história. Mateus retrata os discípulos permanecendo com Jesus: eles ainda têm muito a aprender.

"As ovelhas perdidas da casa de Israel"

Quando ouço a expressão "ovelhas perdidas", penso primeiramente na Parábola das Ovelhas Perdidas em Lucas 15:4-6. Mateus possui uma parábola parecida, mas na versão dele o dono das ovelhas não "perde" uma ovelha; em vez disso, Jesus pergunta: "O que acham vocês? Se alguém possui cem ovelhas, e uma delas se perde, não deixará as noventa e nove nos montes, indo procurar a que se perdeu?" (Mateus 18:12). Para Lucas, o erro está no dono das ovelhas; na versão de Mateus, a culpa é da ovelha. Duvido que a ovelha se importaria, mas, pelo menos, a versão de Mateus consiste em uma metáfora melhor para uma pessoa que, para mantermos a metáfora da ovelha, se afastou do aprisco.

Em seguida, passo a pensar no refrão da música "The Wiffenpoof Song" [Canção do Peixe Dragão]: "Somos cordeirinhos, perdemos o caminho. Bééé, Bééé, Bééé...", embora eu também me lembre de ter me irritado com essa música. Já tinha ficado chateada com o pobre passarinho que perdeu a mãe, depois vem Rudolph, a rena rejeitada, e agora esses cordeiros perdidos! Que bom que acabei estudando a Bíblia em vez de estudar medicina veterinária! Acho que choraria sem parar!

Voltando à Bíblia: Jesus diz a seus discípulos para restringir sua missão às "ovelhas perdidas da casa de Israel". Ao excluir claramente os samaritanos, esse versículo sugere que, pelo menos para Mateus, os samaritanos não faziam parte de Israel, apesar de serem descendentes das dez tribos do norte e do modo que se identificam. Marcos nunca menciona os samaritanos, e Lucas apresenta os samaritanos relatando como eles negaram a acolhida para Jesus por ser um judeu que estava se dirigindo a Jerusalém (Lucas 9:52-56). Entretanto, o Evangelho de Lucas contém, de fato, a parábola famosa na qual um samaritano ajuda um companheiro ferido, e Lucas também observa que Jesus curou um samaritano leproso. Porém, somente no capítulo 8 de Atos é que Lucas inaugura a missão samaritana.

Possivelmente como um comentário a respeito de Mateus 10:5b-6 e 15:24, o capítulo 4 do Evangelho de João descreve a conversa de

NÃO SE DIRIJAM AOS GENTIOS

Jesus com uma samaritana e, depois, mediante sua iniciativa, a acolhida da vila de Samaria onde ela morava. Os discípulos não estavam com Ele durante essa conversa: portanto, não foram eles que evangelizaram os samaritanos — foi o próprio Jesus.

Mateus não inclui os samaritanos na categoria das "ovelhas perdidas da casa de Israel", e não fica claro se ele inclui todos os judeus. A expressão pode ser lida tanto como vendo todo o Israel em uma condição de perdição, ou pode ser lida como que destacando um grupo específico: as ovelhas perdidas dentro de um todo mais amplo. A favor da leitura de que "todo o Israel está perdido" se encontram as Escrituras mais antigas. Um versículo que faz parte das chamadas Canções do Servo, que é Isaías 53:6, ensina: "Todos nós, tal qual ovelhas, nos desviamos, cada um de nós se voltou para o seu próprio caminho; e o Senhor fez cair sobre ele [o Servo Sofredor] a iniquidade de todos nós". No entanto, vemos que Jeremias 50:6 (compare com 23:1) separa as ovelhas perdidas dos maus pastores: "Meu povo tem sido ovelhas perdidas; seus pastores as desencaminharam e as fizeram perambular pelos montes. Elas vaguearam por montanhas e colinas e se esqueceram de seu próprio curral". Encontramos essa mesma distinção no capítulo 34 de Ezequiel, onde o profeta critica severamente os "pastores de Israel" que apascentam a si mesmos, em vez de apascentarem suas ovelhas. Ezequiel condena os líderes que "não fortaleceram a [ovelha] fraca nem curaram a doente nem enfaixaram a ferida. Vocês não trouxeram de volta as desviadas nem procuraram as perdidas. Vocês têm dominado sobre elas com dureza e brutalidade" (Ezequiel 34:4).

Minha inclinação é adotar essa segunda definição, que é mais restrita: as ovelhas perdidas da casa de Israel para Mateus consistem no povo judeu, que estava sendo conduzido de forma equivocada por seus líderes, que, em seu evangelho, eram os fariseus, os saduceus, os sumos sacerdotes e os herodianos, os "primeiros" e as autoridades romanas. Em Mateus 9:36, um pouco antes do versículo problemáti-co que estamos analisando, lemos: "Ao ver as multidões, [Jesus] teve compaixão delas, porque estavam aflitas e desamparadas, como ovelhas sem pastor". Mateus distingue as multidões da liderança. Para ele, que tinha uma aversão particular pelos governantes daquela época, ou pelos influenciadores sociais, ou pelos políticos, as ovelhas perdias representam a população que não precisavam somente de orientação, mas também careciam de bons exemplos.

A palavra *pastor* vem do verbo latino *pascere*, um verbo que significa "levar para os pastos". Portanto, os pastores são aqueles que guiam e alimentam. Eles precisam ter certeza de que nenhuma de suas ovelhas se perdeu, o que se traduz tanto em contar cada uma delas quanto garantir que todas elas se sintam cuidadas, reconhecidas e amadas. Eles têm de buscar aquelas que perderam, porque todos os clérigos em algum momento deixam de suprir a necessidade dos membros da congregação. Além disso, eles têm que buscar aquelas que se desviaram: aquelas que não frequentam a igreja ou que estão perturbando a harmonia da congregação (o capítulo 18 de Mateus apresenta um sistema para lidar com os membros difíceis da comunidade); aquelas cuja visão do evangelho está distorcida, se afastando do amor ao próximo, ao estrangeiro e ao inimigo, chegando a sentir ódio pelas pessoas.

Não me sinto tão feliz com a metáfora da congregação como "ovelhas". Para as pessoas que cresceram cantando: "Eu não quero ser um fariseu; porque eles são o inferno seu; Eu só quero ser ovelha", existem oportunidades de carreira melhores do que ser ovelha. As congregações não devem ser ovelhas: dóceis, silenciosas, sem criatividade nem raciocínio crítico, apesar de ficarem bonitas na foto. As congregações devem ser compostas de discípulos: sempre questionando, pedindo esclarecimento, desafiando, avançando. Não quero que nossos filhos desejem ser ovelhas: que eles sejam radiologistas e contadores, encanadores e eletricistas, bibliotecários e gerentes de hotel — não simplesmente ovelhas.

"Não é correto tirar o pão dos filhos e lançá-lo aos cachorrinhos"

Até onde sei, as pessoas ficam mais perturbadas com o comentário de Jesus à mãe cananeia desesperada que diz que "não é correto tirar o pão dos filhos e lançá-lo aos cachorrinhos", do que propriamente pelo *logion* da exclusividade. Eu faço parte desses que ficam "mais perturbados" com esse comentário. Ignorar a mãe de uma filha endemoninhada, depois dizer a ela: "Eu fui enviado apenas às ovelhas perdidas de Israel" (Mateus 15:24), e ainda compará-la a um cachorrinho para mim não se encaixa com o Jesus que cura a sogra de Pedro, toca um homem com lepra (não porque esse toque fosse proibido pelas leis de pureza, mas por causa da questão do nojo envolvido) para curá-lo, estanca o sangramento de uma mulher com hemorragia, ressuscita a filha de um governante e cura o filho (ou escravo) de um centurião a distância. Além do mais, Jesus já tinha multiplicado os pães para cinco mil pessoas (sem contar mulheres nem crianças, segundo Mateus 14:21). Se essa questão se devia a um suprimento limitado de pão, Jesus era mais do que capaz de providenciar esse alimento.

Provavelmente Mateus estava seguindo Marcos como fonte nessa passagem (de forma diferente da fonte hipotética M, existe de fato um Evangelho segundo Marcos, e a maioria dos especialistas bíblicos acham que Mateus se baseia nele). Marcos descreve a mãe como "grega, de origem siro-fenícia" (Marcos 7:26: a *New Revised Standard Version* [NRSV] traduz *hellenes* como "gentia", mas a palavra significa "grega" como na palavra "helenismo") que se aproximou de Jesus em uma casa para rogar que ele curasse sua filha endemoninhada. A atenção a sua etnia seria razoável para as pessoas do primeiro século, já que as colônias gregas naquilo que hoje é o litoral do Líbano podem ter deslocado recursos da população judaica da alta Galileia. A mulher consistia em uma pessoa de privilégio e de boa família.

Na versão de Marcos, Jesus respondeu: "Deixe que primeiro os filhos comam até se fartar; pois não é correto tirar o pão dos filhos e lançá-lo aos cachorrinhos" (Marcos 7:27). O comentário não deixa de ser um insulto, mas pelo menos dá margem para que o demônio seja expulso: "deixe que primeiro" dá a entender que, depois que os filhos receberem o que precisam, os cachorrinhos receberiam o que sobrasse. Quando a mulher respondeu: "Senhor [*kyrios*], mas até os cachorrinhos, debaixo da mesa, comem das migalhas das crianças"

(Marcos 7:28), Jesus a cumprimenta por suas palavras e proclama a libertação daquele demônio para sua filha.

Mateus acrescenta vários detalhes ao original de Marcos. A mulher deixa de ser uma mulher "grega, de origem siro-fenícia", mas é identificada como "cananeia", fazendo parte da população mais antiga da terra de Israel (chamada nos livros antigos da Bíblia de terra de Canaã), geralmente considerados pela Bíblia como idólatras. É somente na versão de Mateus que Jesus primeiramente a ignorou apesar de clamar dizendo: "Tem misericórdia de mim, Jesus, Filho de Davi" (Mateus 15:22). Por sinal, essa é a primeira vez que ouvimos uma mulher falar de forma direta no Evangelho de Mateus. Seu pedido soa como o início de um salmo de lamentação. Por exemplo, lemos em hebraico em Salmos 6:2 (6:3 na divisão hebraica e grega): "Misericórdia, Senhor, pois vou desfalecendo!"; a tradução grega é "Tem misericórdia de mim, ó Deus!" (*eleēson me kyrie*) e encontra um eco na oração litúrgica *kyrie eleison*, "Senhor, tenha misericórdia!".

Em seguida, Marcos afirma que os discípulos de Jesus (que não aparecem na versão de Marcos) rogavam a ele: "Libera-a, pois vem gritando atrás de nós" (Mateus 15:23b). O verbo grego *apoluō* realmente significa "libera-a"; a NVI traduz como "Manda-a embora". O texto poderia igualmente apresentar os discípulos perguntando a Jesus, em forma de oração intercessória, para repreender o demônio daquela criança. Cabe a nós interpretarmos se os discípulos foram cruéis ou compassivos. (Minha tendência é seguir pela trilha da compaixão, já que Mateus se inclina a fazer com que os discípulos pareçam mais atentos do que em Marcos).

A pedido dos discípulos, Jesus repetiu o *logion* de exclusividade (e agora você já sabe o que é isso). Em seguida, ele muda as palavras de Marcos para retirar a frase "deixe que primeiro os filhos comam". Ele não abre nenhuma margem para a mulher.

Ela perseverou, não somente chamando Jesus de "Filho de Davi", mas também trazendo sua própria reestruturação da resposta da mulher siro-fenícia. Enquanto a mulher no Evangelho de Marcos fala sobre "as migalhas dos filhos", em Mateus (15:27) ela afirma: "Sim, Senhor [*kyrios*], mas até os cachorrinhos comem das migalhas que caem *da mesa dos seus donos* (destaque da autora). Ela reconheceu que Jesus era aquele que possuía o domínio, a superioridade e o poder. Ao mesmo tempo, ela roga que Ele a atenda.

Ele então acaba fazendo isso. Cumprimentando-a não somente por sua "palavra" (como em Marcos), mas por sua "fé", Ele proclama a libertação da sua filha, e ela foi "curada instantaneamente" (Mateus 15:28). Enquanto, na história de Marcos, a mãe voltou para casa para encontrar sua filha curada, o Evangelho de Mateus deixa aberta a possibilidade de que a filha estivesse com sua mãe e, por consequência, com Jesus, o tempo todo.

Jesus expulsou o demônio, mas ainda ficamos com o *logion* de exclusividade combinado com o comentário comparando a mulher a um cachorrinho.

Mais uma vez, os especialistas bíblicos tentaram explicar ou fugir do assunto dessa que parece ser uma declaração cruel. Algumas pessoas apontam, corretamente, que a palavra que Mateus usa para "cachorrinho", *kunarion*, de fato está no diminutivo designando um filhote, logo, seria um termo carinhoso. Duvido que se trate disso.

Eu tenho um cachorro, que é um labradoodle cujo peso não chega a dez quilos. Seu nome é Morey e vem da versão *King James* de Lucas 16:21, a Parábola do Rico e Lázaro. Jesus descreve que o pobre Lázaro "ansiava comer o que caía da mesa do rico. Em vez disso, os cães vinham lamber as suas feridas". Em inglês, o versículo começa nessa versão com as palavras "moreover the dogs" (em vez disso, os cães), mas a princípio só ouvia "moreover the dog" (em vez disso, o cão)". É daí que vem Morey. Ele é um "amorey". Mas eu não quero ser comparada com ele. Conforme muitas leitoras feministas observaram, chamar uma mulher de "cachorrinho" não é muito melhor do que chamá-la de cachorro; existe um termo mais correto para "cadela", mas esse é um insulto que seria inadequado para este livro ou para qualquer lugar.

Outros têm sugerido que Jesus estava testando a mulher para ver se ela tinha uma fé adequada. Ela era cananeia, não judia; ela não tinha sido uma de suas seguidoras. Tenho minhas dúvidas quanto a isso também. A princípio, só o fato de a mulher ter vindo a Jesus já demonstra que ela possui fé. Além disso, não vemos Jesus "testando" mais ninguém antes de ministrar cura.

Vários outros sugeriram que Ele a estava provocando, ou que Ele fez um comentário com um sorriso nos lábios e um piscar de olhos. Ora, faça-me o favor! Se eu fosse uma mãe desesperada em um hospital, buscando a cura de algum filho doente, um filho que estivesse ali presente (na versão de Marcos dessa história, a filha estava de cama em casa; veja Marcos 7:30), eu não gostaria que as enfermeiras da triagem ou os médicos da sala de emergência a princípio me ignorassem, depois dissessem que eu não fazia parte do turno deles, e em seguida me chamassem de cachorrinho.

Acho os comentários de Jesus no mínimo problemáticos. Quando recorri ao comentário acadêmico para obter auxílio, mais uma vez encontrei leituras antijudaicas sem base. Isso continua a me dar razão para acreditar que os comentaristas se desdobram para promover Jesus desacreditando o judaísmo. Acho que Jesus já é admirável o suficiente sem que se precise colocar o seu próprio povo nem sua própria tradição debaixo de um ângulo negativo.

Por exemplo, lemos frequentemente que "cachorrinho" era um título comum, um insulto dirigido aos gentios, mas isso não é verdade. Tratava-se de um insulto genérico para indicar que não se gostava de alguém. Também ouvimos dizer que os judeus (ou os precursores judeus de Mateus) odiavam os gentios, e Jesus, o judeu, precisa ser instruído no universalismo cristão. Isso também não funciona, já que, conforme vimos, os gentios eram bem recebidos nas sinagogas e no Templo de Jerusalém. Ou, em uma explicação mais habilidosa, mas que provavelmente também é equivocada, lemos que Jesus estava comparando a mulher aos cínicos, uma escola filosófica grega que herdou o seu nome da palavra "cachorrinho" pelo fato de desprezar as convenções sociais. Na verdade, não vejo essa mulher como símbolo dos filósofos cínicos. Eu a vejo como uma mãe desesperada. Ou ainda podemos concordar com a leitura de Agostinho de Hipona,

NÃO SE DIRIJAM AOS GENTIOS

que viu nessa mulher a virtude da humildade na sua disposição de ser chamada de cachorrinho. Quem sabe seja assim, embora eu a veja fazendo e dizendo de tudo para conseguir que Jesus expulsasse o demônio de sua filha.

Qual a justificativa de Mateus para Jesus demonstrar aparente falta de compaixão tão espantosa? Surgem na minha memória quatro explicações, que não são mutuamente exclusivas, e é bem provável que você possa pensar em outras. A primeira é que Mateus pode estar traçando um paralelo entre a mulher cananeia que estamos estudando e pelo menos duas mulheres na genealogia de Jesus — Raabe e Tamar —, mulheres gentias que agem quando seus companheiros israelitas falham no cumprimento do dever.

Os capítulos 2 e 6 de Josué relatam como uma mulher cananeia chamada Raabe, uma prostituta da cidade de Jericó, tanto protegeu os espias israelitas quanto providenciou a segurança de sua família quando, parafraseando o espiritual "Vem com Josué lutar em Jericó" (tem gente que ainda lembra da paródia de Allan Sherman, algo como "Me compra um AAS ou traz um Cepacol"; ou mesmo quer se esquecer dela). Quando Josué envia os espias do deserto para Jericó, o primeiro lugar que eles encontram é o bordel da Raabe. Duvido que eles estivessem procurando por munição. Raabe não tenta compensar a falta de fidelidade deles somente ao protegê-los do rei de Jericó, mas também recitando para eles a história do livramento de Israel: "Pois temos ouvido como o Senhor secou as águas do mar Vermelho perante vocês quando saíram do Egito [...] o Senhor, o seu Deus, é Deus em cima nos céus e embaixo na terra" (Josué

135

2:10-11). Os israelitas manifestam uma falta de fidelidade, e Raabe, uma das várias "gentias justas" da Tanakh (aquilo que os cristãos chamam de Antigo Testamento), demonstra fidelidade de sobra. Portanto, quando Mateus menciona uma "mulher cananeia" no capítulo 15, nós, os leitores, somos orientados a encontrar uma gentia justa e um homem judeu que parece estar um pouco deslocado.

Pode haver uma segunda mulher cananeia na genealogia de Mateus. Tamar, que é a primeira mulher mencionada no Novo Testamento, engana seu sogro Judá para ter relações sexuais com ele. Os seus dois primeiros maridos (filhos de Judá) tinham morrido, e Judá se recusa a lhe dar o único filho que restou em casamento. A minha suspeita é que ele está pensando que é mais fácil colocar a culpa na nora pela derrota dos filhos do que pensar que seus próprios filhos tenham feito algo errado. Deixo a seu critério avaliar se ela quer ter um filho nessa família para continuar o legado de Abraão ou se ela possuía alguns pensamentos desprezíveis a respeito de Judá. Tamar fica grávida; quando Judá fica sabendo, ordena que ela seja queimada viva. Enquanto estava sendo levada ao local de execução, ela mostra o sinete e a vara de Judá para provar que ele é o pai do bebê. Ele faz a coisa certa: reconhece que ela é mais "justa" (uma palavra que Mateus ama) do que ele. Tamar dá à luz a gêmeos, e um deles é antepassado do Rei Davi. Repito que temos uma mulher cananeia que demonstra fidelidade apesar da relutância e da passividade de seu companheiro israelita. O capítulo 15 de Mateus nada mais é que uma variante desse tema. Ainda temos outra variante do tema do gentio justo no amigo centurião sobre o qual falamos registrado no capítulo 8 de Mateus, acerca do qual Jesus disse, conforme já vimos:

NÃO SE DIRIJAM AOS GENTIOS

"Digo-lhes a verdade: Não encontrei em Israel ninguém com tamanha fé" (Mateus 8:10).

Uma segunda maneira de entender essa passagem, e, em particular, a transformação da mulher "siro-fenícia grega de nascimento" para mulher cananeia, é ver a mulher como uma recordação do inimigo antigo de Israel e depois modificando a lembrança. O evangelho ensina, com um estilo bem judaico, que os inimigos de uma geração podem ser os amigos da próxima, e que vemos as pessoas como indivíduos, do mesmo modo que Raabe, em vez de vê-los (somente) como representantes um grupo maior. Tanto as cananeias Tamar e Raabe, quanto Rute, a moabita, e Urias, o hitita (o marido de Bate-Seba, que é citada na genealogia) contribuem para a genealogia de Jesus, e ainda para o particularismo e para o universalismo da sua missão.

Uma terceira forma de entender a mulher cananeia de Mateus, e as dificuldades que ela enfrenta para receber atendimento médico para a sua filha, é recordar, a partir de sua história, outras mães da Bíblia que enfrentaram alguma dificuldade parecida. A famosa "viúva de Sarepta", que Jesus menciona no seu sermão na sinagoga no capítulo 4 de Lucas, teve um filho que foi acometido de uma enfermidade mortal. A viúva foi à procura do profeta Elias e o repreendeu por ter causado a doença dele. Elias orou: "Ó SENHOR, meu Deus, trouxeste também desgraça sobre esta viúva, com quem estou hospedado, fazendo morrer o seu filho?" (1Reis 17:20). Em seguida, ele ressuscitou o filho dela. Em 1Reis 14:1-4, uma variante surpreendente desse tema, a esposa do rei Jeroboão procurou o profeta Aías para curar seu filho. O profeta se recusou a ir; de modo pior ainda, ele predisse a morte da criança e a transferência do trono para outra família. De acordo com 2Reis 4:18-37, a "grande mulher" (4:8; em hebraico, *ishah gedolah*; no grego, *gynē megalē*; a NIV traduz como "mulher rica") de Suném procurou o profeta Eliseu quando seu filho morreu. Eliseu quis enviar seu servo, "mas a mãe do menino disse: 'Juro pelo nome do SENHOR e por tua vida que, se ficares, não irei'. Então ele foi com ela" (4:30).

Observamos que surgem histórias parecidas nas fontes rabínicas, na literatura pagã e na literatura cristã posterior. Podemos também citar histórias de pais desesperados, incluindo o governante Jairo. Eles nos recordam de que as crianças morrem; no mundo antigo, a taxa de mortalidade das crianças abaixo da fase da puberdade era de cinquenta por cento. As histórias nos lembram de que os pais se preocupavam, intercediam pelos seus filhos e passavam pelo luto. As crianças não eram descartadas como inconsequentes e substituíveis. Todas essas histórias falam e, portanto, admitem em vez de descartar o cuidado dos pais e a dor do luto deles.

Uma quarta leitura, a qual defendo com afinco, é ver essa mulher que estamos estudando como alguém que é exemplo das instruções de Jesus no Sermão do Monte. Quando for insultado, quando "alguém bater na sua face direita" com as costas da mão para mandá-lo embora (Mateus 5:39), não pague essa violência com mais violência, mas também não recue. Podemos imaginar essa mulher, cuja descrição de Mateus diz que se ajoelhou diante de Jesus, literalmente mantendo sua postura. Ela absorveu o insulto e, depois, trouxe as

NÃO SE DIRIJAM AOS GENTIOS

palavras de Jesus de volta para ele: "Está bem, sou um cachorrinho, mas até os cachorrinhos comem as migalhas".

Aprendemos pela sua firmeza e esperteza como mantermos a nossa posição e lutar para ser ouvidos. A princípio, Jesus a ignorou: ela se manteve firme. Ele lhe disse que foi enviado somente para as ovelhas perdidas da casa de Israel: ela nem se mexeu. Ele a chamou de cachorrinho: ela permaneceu na sua posição. Ela é um exemplo para todos que procuram ajuda para um filho e ouvem que não possuem os documentos necessários; ou não têm plano de saúde; ou mesmo que não têm dinheiro suficiente.

Ao mesmo tempo, conforme vimos na nossa discussão do Sermão do Monte a respeito das bem-aventuranças na frase "Bem-aventurados os humildes" (Mateus 5:5), uma pessoa "mansa" é alguém com autoridade e posição, mas que também está disposta a ouvir àqueles que não possuem tanto capital social.[3] No Evangelho de Mateus, Jesus possui todo o status; Ele é — como a mulher cananeia disse — tanto "Senhor" como "Filho de Davi". Mas Ele se mostra, apesar da relutância inicial, disposto a ouvir a essa mulher. Portanto, Ele dá o exemplo para seus discípulos daquela época e da atualidade, para os trabalhadores da igreja, para os atendentes médicos e até mesmo para os professores universitários: podemos achar que não temos tempo; podemos não ter disposição; podemos achar que a pessoa que nos procura não é importante ou nem mesmo merece a

---

[3] Amy-Jill Levine, *Sermon on the Mount: A Beginner's Guide to the Kingdom of Heaven* (Nashville, TN: Abingdon Press, 2020), p. 1-22.

nossa atenção. Envolva-se nesse projeto, porque essa pessoa também é portadora da imagem e da semelhança de Deus.

"Vão e façam discípulos de todas as nações"

Em sua Grande Comissão, o Jesus ressuscitado redireciona o destaque da missão. Ele deixa de evitar os samaritanos e os gentios, abrindo esse projeto para *panta ta ethne*, palavras geralmente traduzidas como "todas as nações". Embora essa tradução popular seja uma leitura legítima do texto grego de Mateus, sugiro que esse versículo não seja traduzido como "todas as nações", mas como "todos os *gentios*". A expansão da missão de "nenhum gentio" para "todos os gentios" é resultado da própria mudança da posição de Jesus. No versículo imediatamente anterior, Mateus 28:18, Jesus disse aos seus discípulos: "Foi-me dada toda a autoridade no céu e na terra". Por causa da sua fidelidade em ter ido a cruz, em meio à dor e a humilhação sofredora, morrendo para o resgate de muitos (Mateus 20:28), o Cristo ressuscitado agora possui "toda a autoridade". Com essa autoridade vem uma mudança no destaque da missão: somente agora chega a hora de começar a missão gentia.

Ouvimos na Grande Comissão de Mateus um eco do "Hino de Cristo" de Paulo em Filipenses 2:9-11, em que Paulo explica que, por causa da sua própria fidelidade, até a morte:

> Por isso Deus o exaltou
> à mais alta posição
> e lhe deu o nome que está acima de todo nome,

para que ao nome de Jesus

se dobre todo joelho,

nos céus, na terra

e debaixo da terra,

e toda língua confesse que Jesus Cristo é o Senhor,

para a glória de Deus Pai (Filipenses 2:9-11).

Jesus tinha comissionado anteriormente os seus discípulos para falar às "ovelhas perdidas da casa de Israel". Essa ordem não tinha sido abolida. Em vez disso, ela foi ampliada para os gentios e, com grande probabilidade, aos samaritanos. Já que o destaque foi direcionado para os gentios, o ritual de iniciação deles é o batismo "em nome do Pai, e do Filho, e do Espírito Santo" (Mateus 28:19) e a instrução sobre os ensinos de Jesus (Mateus 28:20).

Tanto o particularismo quanto o universalismo têm o seu lugar

Quando Jesus restringiu a sua missão às ovelhas perdidas da casa de Israel, Jesus não estava sendo nem intolerante nem xenófobo. Ele estava sendo fiel à sua tradição. O Evangelho de Mateus reconhece que tanto a identidade judaica quanto a gentia são importantes, e nos apresenta o modelo não somente para reconhecermos, mas para, inclusive, celebramos as várias formas de diferença em nossa própria comunidade.

Ao restringir sua missão, Jesus também estava sendo fiel à tradição judaica que entendia que o Messias, nas palavras de Paulo, viria primeiro para o judeu e também para o grego. Os descendentes de Abraão, Isaque, Jacó — e Judá, com a ajuda de Tamar — preservaram as suas crenças e tradições. Conforme Paulo afirma:

> Eles são israelitas, e deles é a adoção de filhos; deles é a glória divina, as alianças, a concessão da lei, a adoração no templo e as promessas. Deles são os patriarcas, e a partir deles se traça a linhagem humana de Cristo, que é Deus acima de tudo, bendito para sempre! Amém (Romanos 9:4-5).

Ao ignorar, rejeitar e se recusar a atender a mulher cananeia, Jesus dá um exemplo de rei manso, dando à mulher a oportunidade de espelhar o Sermão do Monte. Desse modo, aprendemos tanto de Jesus quanto da mulher que, embora as diferenças sejam importantes, quando se trata de curar um filho doente, devemos passar por cima delas.

Capítulo 5

AS TREVAS EXTERIORES

E lancem fora o servo inútil, nas trevas, onde haverá
choro e ranger de dentes.

MATEUS 25:30

De acordo o centro Pew Research, 58 por cento dos norte-americanos acreditam em um inferno literal. Quando se divide entre os grupos religiosos, os protestantes evangélicos e os "protestantes historicamente negros" encabeçam a lista, cada um com 82 por cento; os muçulmanos norte-americanos registram 76 por cento; o número entre os católicos fica em 63 por cento; os protestantes tradicionais em 60 por cento; os cristãos ortodoxos em 59 por cento. Com a exceção da seita Testemunhas de Jeová, com 7 por cento, o grupo que acredita menos em um inferno literal são os judeus, com 22 por cento.[4]

Tendo crescido na sinagoga, não me lembro de ter ouvido a palavra "inferno", exceto quando alguém estava amaldiçoando (e também não ouvi muito isso). Já ouvi a expressão "Vá para o inferno!", e

---

[4] "Belief in Hell", Pew Research Center, acesso em 28 de abril de 2021, https://www.pewforum.org/religious-landscape-study/belief -in-hell/.

sabia que o inferno não era um bom lugar para ir, mas eu não fazia a mínima ideia do que isso significa ou o seu lugar exato (seria em alguma parte de Nova York? Na Rússia?). O mais próximo que cheguei do "choro e ranger de dentes" foi quando tive a minha primeira cárie e enfrentei a broca de um dentista.

A minha fascinação com o inferno não começou com a minha leitura do Novo Testamento, provavelmente porque a condenação eterna não consiste em um tema importante. Em vez disso, no meu primeiro ano no Smith College e como caloura no curso de Letras, eu tive que ler a *Divina comédia,* de Dante Alighieri, para a matéria de Literatura Geral. Gostei muito desse livro: considerei brilhante a ideia de se escrever um livro que descreve o destino terrível que se antecipa para os próprios inimigos. Além disso, o "Inferno", o poema em que Dante descreve as torturas eternas das pessoas de que ele não gosta (que maneira maravilhosa de se vingar!) tinha um grupo bem mais interessante de personagens do que o Purgatório ou o Paraíso, e achei que Virgílio era um guia bem melhor que a Beatriz.

Foi o estudo de Dante, e depois das fontes para as suas várias descrições do inferno, que me levou de volta ao Novo Testamento, ao qual recorri para observar seus comentários a respeito da vida após a morte. Essa pesquisa não se limitou somente à área acadêmica. Ao mesmo tempo, vários amigos cristãos estavam tendo algumas conversas comigo sobre o Juízo Final. Alguns tinham medo de que, se eu não aceitasse a Jesus como Senhor e Salvador, seria condenada eternamente. Outros tinham medo de que no juízo final eles fracassariam por causa de alguma coisa que tivessem feito ou de alguma doutrina da qual eles tenham duvidado. Logo, o estudo do que a Bíblia diz sobre a perdição não consiste simplesmente em uma atividade acadêmica; trata-se de algo necessário para trazer conforto e segurança. Levanta questões sobre a teodiceia (do prefixo grego *theo-*, que vem de *theos*, que significa "Deus", e *dikē*, "justiça"; mas já tive vários alunos que definem teodiceia como a continuação da *Ilíada*): como um Deus justo pode permitir que o ímpio prospere e o justo sofra? Isso levanta questões sobre a ética: O que *queremos* que aconteça? Qual é a *nossa* ideia de justiça?

Avaliar o que Jesus pensava sobre o assunto exige atentar-se às várias visões da justiça divina, à vida após a morte e também a como interpretar as parábolas. Nesse debate está incluído se Ele achava que as almas dos ímpios seriam destruídas no fogo do inferno ou atiradas no local das "trevas exteriores", onde há "pranto e ranger de dentes". O melhor que podemos fazer é avaliar as provas e depois tirarmos as nossas próprias conclusões. Conforme veremos a seguir, as épocas diferentes e os textos distintos possuem descrições diversas. O que acreditamos, portanto, depende de quais textos destacamos e quais descartamos, de como traduzimos esses textos e como escolhemos entendê-los.

Sheol, Abadom, Geena

As Escrituras de Israel raramente mencionam castigos e recompensas após a morte porque o seu foco é na vida: o que aprendemos com o passado, o que fazemos no presente e o que esperamos para o futuro. O pensamento israelita antigo, pelo menos a partir do que se pode reconstituir dos textos hebraicos, viam a existência após a morte para todos no Sheol ou no Abadom, um tipo sombrio de vida pela metade: na escuridão, longe de Deus, da dor e do prazer.

O Sheol, que é a palavra mais popular, aparece pela primeira vez em Gênesis 37:35, no luto em que Jacó pranteia quando ouve o relato falso de que José, seu filho amado, tinha sido morto: "Todos os seus filhos e filhas vieram consolá-lo, mas ele recusou ser consolado, dizendo: 'Não! Chorando descerei à sepultura [Sheol] para junto de meu filho'". O Sheol é o lugar para onde os mortos vão, tanto os justos como os ímpios.

Temos, nessa passagem, ainda outro problema de tradução. Os tradutores gregos antigos do texto hebraico verteram a palavra *Sheol* como *Hades*, que nada mais é que o nome do deus dos mortos e do reino do submundo que ele governa. Portanto, quando Pedro faz uma paráfrase de Salmos 16:10 em Atos 2:27 dizendo: "porque tu não me abandonarás no sepulcro [em algumas versões: Hades, no grego *hadēs*], nem permitirás que o teu Santo sofra decomposição", está se baseando no hebraico a uma referência ao Sheol.

Juntamente com essa tradução vem toda uma bagagem. Na mitologia grega, Hades equivale ao lugar onde Tântalo, do mesmo modo que o homem rico na parábola do capítulo 16 de Lucas, não podia alcançar o fruto pendurado acima dele para comer ou a água na qual seu corpo estava submerso para beber; Sísifo teve de rolar uma pedra para cima de uma montanha, que sempre caía de volta, fazendo com que ele comece tudo de novo; as cinquenta filhas de Dânao são obrigadas a carregar jarras com furos, de modo que elas nunca pudessem encher seus vasos. Existe um componente de castigo adequado ao crime nessas histórias, e elas realmente dão asas à imaginação.

A tradução influencia até mesmo a frequência com a qual encontramos referências à palavra "inferno" na nossa Bíblia. Muitas versões traduzem a palavra hebraica *Sheol* por "inferno", como em 2Samuel 22:6, que é um dos versos de um salmo de Davi: "Cordas do *inferno* me cingiram, e encontraram-me laços de morte". A palavra subjacente no hebraico é *Sheol*, que não possui nenhuma conotação de fogo do inferno ou de tormento. Sendo assim, os cristãos que leem a *Almeida Corrigida* e as traduções que se baseiam nela encontrarão referências ao "inferno" por todo o seu Antigo Testamento; mas os judeus, quando leem a Tanakh, a Bíblia do judaísmo, não veem nada disso.

Um sinônimo para Sheol é Abadom. Esse nome em hebraico quer dizer "lugar de destruição", e todas as suas aparições nos textos hebraicos estão vinculadas à literatura sapiencial. Apesar do nome Abadom, as referências falam mais sobre questões do poder divino do que a vida após a morte. Por exemplo, vemos a afirmação em Provérbios 15:11: "Sheol e Abadom estão abertos diante do Senhor; quanto mais os corações dos homens!". Essa palavra possui função parecida, provavelmente menor, em Jó 26:6: "Nu está o Sheol diante de Deus, e nada encobre o Abadom"; veja também Jó 31:12; Salmos 88:11). Vemos o vínculo em Jó 28:22 entre "Abadom e Morte" como personificações que dizem: "Ouvimos um boato disso com nossos ouvidos": o "assunto" é a fonte da Sabedoria, que Deus mantém. De modo parecido, lemos em Isaías 28:15: "Fizemos um pacto com a morte, com o Sheol fizemos um acordo".

Depois desse período bíblico antigo, Abadom assume mais o sentido de uma pessoa do que um lugar propriamente dito; por exemplo, um dos Manuscritos do Mar Morto (4Q280 10.2.7) fala do "Anjo do Abismo e do Espírito de Abadom". Essa personificação entra no Novo Testamento mediante Apocalipse 9:11, que diz: "Tinham um rei sobre eles, o anjo do Abismo, cujo nome, em hebraico, é Abadom, e, em grego, Apoliom".

Ironicamente, muitas dessas referências nos textos hebraicos sobre Sheol e Abadom falam mais das pessoas que foram resgatadas da morte do que da morte em si. Já vimos essa ideia em Salmos 16:10, que é repetido em Atos 2:27: "porque tu não me abandonarás no sepulcro [em algumas versões: Hades, no grego *hadēs*]": o hebraico original não passa de uma referência ao Sheol. Em sua oração, Ana proclama: "O Senhor mata e preserva a vida; ele faz descer ao Sheol e dele a resgata" (1Samuel 2:6). Temos a proclamação em Salmos 66:13: "Pois grande é o teu amor para comigo; tu me livraste das profundezas do Sheol". Salmos 30:3 proclama: "Senhor, tiraste-me da sepultura [Sheol]; prestes a descer à cova, devolveste-me à vida". Do mesmo modo, em Salmos 86:13 lemos: "Pois grande é o teu amor para comigo; tu me livraste das profundezas do Sheol". Quando Jesus afirma que Ele morre "em resgate por muitos" (Mateus 20:28; Marcos 10:45), a fala está conectada a Salmos 49:15: "Mas Deus redimirá a minha vida da sepultura [Sheol] e me levará para si".

Esses versos e muitos outros apresentam vínculos profundos com aquele salmo que provavelmente é o mais conhecido de todos, o 23, que começa com as palavras: "O Senhor é o meu pastor". Em hebraico, a parte inicial do verso 4 desse salmo — "Mesmo quando eu andar por um vale de trevas e morte, não temerei perigo algum, pois tu estás comigo" — equivale, no hebraico, a uma referência ao "vale da sombra da morte", que também é conhecido como Sheol. A Septuaginta (que dá a esse salmo o número 22) traduz essas palavras como "no meio da sombra da morte".

Por fim, a palavra Geena, que geralmente é traduzida como "inferno", vem da palavra hebraica *gai* ("vale") e Hinom, o nome do homem que era dono desse jardim. Tecnicamente, a Bíblia Hebraica atribui a posse desse lugar ao "filho de Hinom", cujo nome se perdeu na História, o que também pode ser justo. A primeira referência a esse lugar se encontra em Josué 15:8a: "Depois subia pelo vale de Ben-Hinom, ao longo da encosta sul da cidade dos jebuseus, isto é, Jerusalém". Atualmente, o ponto de referência mais próximo é a cidade de Silwan, um local de litígio entre as autoridades israelenses e palestinas.

A Tanakh não possui nenhuma noção de inferno no sentido de castigo eterno para os ímpios e tem muito pouco a dizer até mesmo sobre o destino dos justos. Daniel e passagens nos capítulos 24 a 27 de Isaías abrem a possibilidade da ressurreição dos mortos, de modo que, na época de Jesus, no primeiro século, a ressurreição — uma ideia promovida pelos fariseus — era uma crença popular entre os judeus. Juntamente com a ressurreição veio a ideia de um juízo final e, por causa disso, das condenações finais.

Do Sheol para os castigos e recompensas após a morte

No primeiro século, que é a época de Jesus, muitos judeus tinham um senso robusto do triunfo do bem sobre o mal e, por causa disso, do julgamento após a morte. Os anos sob o governo persa, com inclinação aos ensinos de Zoroastro (538-333 a.C.), depois sob o governo grego/selêucida (333-165 a.C.), e, por fim, sob o governo romano contribuíram para esses pensamentos. Havia também a necessidade de se explicar o martírio: como as pessoas que morriam por suas crenças não receberiam justiça, e como as pessoas que executavam os judeus fiéis não teriam que prestar contas?

No segundo século a.C., o governante grego-sírio (selêucida) Antíoco IV, o Epifânio, juntamente com alguns membros da elite de Jerusalém que foram altamente assimilados, buscaram apagar as marcas que distinguem os judeus, como a circuncisão e as leis dietéticas. Suas ordens acabaram provocando o que se conhece como a Revolta dos Macabeus.

Esses insultos também provocaram o desenvolvimento de um tipo de literatura conhecido como "apocalíptico", que vem da palavra grega para "revelação". Esses textos, repletos de revelações celestiais, imagens bizarras e geralmente referências ao destino dos ímpios e dos justos não foram criados tanto para apresentar um retrato dos céus, do futuro ou do mundo subterrâneo, mas para dar ao leitor a esperança de sua vindicação e da erradicação do mal. Os textos apocalípticos nos garantem que Deus está no controle, que nossas perseguições fazem sentido e que a justiça prevalecerá.

Em Daniel 7 a 12, capítulos escritos por volta de 165 a.C., durante a época da perseguição de Antíoco Epifânio, o autor recorda que Miguel, "o grande príncipe" (pense em Miguel como o anjo que peleja por Israel, e não como no filme *Michael – Anjo e Sedutor,* de 1996, no qual John Travolta, que faz o papel de anjo, perde as penas) chegará para introduzir a era messiânica: "Haverá um tempo de angústia tal como nunca houve desde o início das nações e até então" (Daniel 12:1b). Isso não se refere aos ultrajes de Nabucodonosor ou de Beltessazar da Babilônia, da época dos contos populares dos seis primeiros capítulos do livro, mas a meados do segundo século a.C.

O autor continua:

> Mas naquela ocasião o seu povo, todo aquele cujo nome está escrito no livro, será liberto. Multidões que dormem no pó da terra acordarão: uns para a vida eterna, outros para a vergonha, para o desprezo eterno. Aqueles que são sábios reluzirão como o brilho do céu, e aqueles que conduzem muitos à justiça serão como as estrelas, para todo o sempre (Daniel 12:1c-3).

O oposto da "vida eterna" é vergonha e desprezo. Os justos brilham, mas as pessoas a quem Deus julgou como violadoras do concerto perderão o brilho.

Refletindo o mesmo período, o livro conhecido como 2Macabeus relata as mortes por tortura (com detalhes terríveis) de sete irmãos que se recusam a comer carne de porco. O quarto irmão, enquanto está morrendo, diz ao rei: "É desejável passar para a outra vida às mãos dos homens, tendo da parte de Deus as esperanças de ser um dia ressuscitado por Ele. Mas para ti, ao contrário, não haverá ressurreição para a vida!" (2Macabeus 7:14). O livro de 4Macabeus, que conta a história dos sete irmãos em termos platônicos, apresenta o sofrimento após a morte, com cada irmão predizendo o destino do rei: "A justiça se levantou sobre ti com fogo eterno e torturas, e em nenhum momento elas o deixarão" (4Macabeus 12:12). Embora os judeus contem a história dos sete irmãos no contexto do feriado de Hanukkah, o feriado que celebra a re-"dedicação" (que é o significado da palavra "Hanukkah"; veja João 10:22) do Templo depois que Antíoco o havia profanado, os livros dos Macabeus, que foram escritos em grego, nunca chegaram a entrar naquilo que se tornou a Tanakh, a Bíblia do judaísmo.

Outros livros do início do período do Segundo Templo, como 1Enoque — que recebe o nome daquele homem justo da antiguidade, que nasceu na sétima geração depois de Adão, que "andou com Deus; e já não foi encontrado, pois Deus o havia arrebatado" (Gênesis 5:24) — traz descrições de um juízo final, quando "naqueles dias a terra entregará de seu ventre e o inferno entregará de si aqueles a quem recebeu, e a destruição restaurará àqueles a quem ela deve" (1Enoque 51:1).[5] Dois capítulos depois, Enoque registra:

Eu vi o anjo do castigo, cooperando e preparando todas as cadeias de Satanás. Então perguntei ao anjo da paz que

---

[5] E. Isaac, *The Old Testament Pseudepigrapha*, vol.1, 36.

AS TREVAS EXTERIORES

continuava comigo para quem aquelas cadeias estavam sendo preparadas. Ele disse: Estas são preparadas para os reis e poderosos da terra, para que assim eles pereçam. Depois disso, o Justo e Eleito revelará a casa da sua congregação, e desde então não sofrerão mais restrições no nome do Senhor dos espíritos (1Enoque 53:3-6).[6]

Os justos são recompensados; os inimigos (nesse contexto, o equivalente antigo dos políticos e lobistas que chegaram a seus cargos de modo ilegítimo na visão do autor) são destruídos.

Na época em que Jesus viveu, a ideia de que o justo seria recompensado e o ímpio seria castigado já estava bem disseminada, exceto, ao que tudo indica, para os saduceus, que não acreditavam na ressurreição dos mortos. Os detalhes continuam a ser debatidos. Será que os justos passariam a ser como as estrelas no céu? Será que seriam reencarnados, do modo semelhante ao que Herodes Antipas tinha pensado que Jesus era a reencarnação de João Batista, que ele havia decapitado (veja Mateus 14:2; Marcos 6:14, 16; Lucas 9:7)? Será que eles ressuscitariam dos mortos para viver na terra, cada um debaixo de uma vinha pessoal e de uma figueira (como se diz em Miqueias 4:4)?

Quanto aos ímpios — o tema deste capítulo —, essa questão estava também em aberto: Será que eles seriam aniquilados? Ficariam com uma reputação de más obras? Receberiam algum castigo

---

[6] Ibidem, p. 37-38.

eterno? A resposta depende do texto que a pessoa lê e o quanto de ênfase ela dá a esse assunto. Para nós, depende da nossa própria visão de justiça, ou de vingança.

De Paulo a João e a igreja primitiva

O documento mais antigo do Novo Testamento provavelmente é 1Tessalonicenses, que foi escrito dentro de dez anos depois da crucificação de Jesus. Acho também cada vez mais provável que o livro de Apocalipse tenha sido escrito antes dos Evangelhos. Logo, antes de chegarmos a Mateus, que, de todos os Evangelhos, tem mais a dizer a respeito do castigo após a morte, daremos uma breve atenção ao que Paulo e João sugerem.

Paulo, falando a suas congregações gentias, proclama que Jesus "nos livra da *ira* que há de vir" (1Tessalonicenses 1:10). Paulo é otimista quanto ao juízo final. Ele afirma em 1Coríntios 15:22-26:

Pois da mesma forma como em Adão todos morrem, em Cristo todos serão vivificados [...]. Então virá o fim, quando ele entregar o Reino a Deus, o Pai, depois de ter destruído todo domínio, autoridade e poder [...]. O último inimigo a ser destruído é a morte.

O apocalipse quintessencial, e o livro que dá o nome a esse gênero, é o último livro do Novo Testamento: "Revelação [em grego: *apocalypsis*] de Jesus Cristo, que Deus lhe deu para mostrar aos seus [escravos; em grego, *doulos*, na NVI: "servos"] o que em breve há de acontecer. Ele enviou o seu anjo para torná-la conhecida ao seu servo João" (Apocalipse 1:1). Seja esse livro situado durante o reinado de Domiciano na década de 90 a.C., como a tradição do segundo século propõe, ou anteriormente, por volta do ano 69 ou 70, quando Roma tinha invadido Jerusalém, João adotou uma postura totalmente antirromana. No capítulo 14, ele descreve o destino daquele que adora "a besta e a sua imagem e receber a sua marca na testa ou na mão" — isto é, daquele que é conivente com as ações do Império. Não se trata de um destino agradável. "Será ainda atormentado com enxofre ardente na presença dos santos anjos e do Cordeiro [isto é, Jesus], e a fumaça do tormento de tais pessoas sobe para todo o sempre. Para todos os que adoram a besta e a sua imagem, e para quem recebe a marca do seu nome, não há descanso, dia e noite". Entretanto, esse não é o fim da história.

De acordo com o último capítulo de Apocalipse, os justos viverão na Nova Jerusalém juntamente com Deus e o Cordeiro (isto é, Jesus: "Eles verão a sua face, e o seu nome estará em suas testas. Não haverá mais noite. Eles não precisarão de luz de candeia nem da luz do sol, pois o Senhor Deus os iluminará; e eles reinarão para todo o sempre" (Apocalipse 22:4-5). Em contraste com essa luz de luzes, "os covardes, os incrédulos, os depravados, os assassinos, os que cometem imoralidade sexual, os que praticam feitiçaria, os idólatras e todos os mentirosos — o lugar deles será no lago de fogo que arde com enxofre. Esta é a segunda morte" (Apocalipse 21:8). Uma segunda morte, é exatamente isso: morte.

O que acontece no inferno?

Na época do Segundo Templo, o "vale do filho de Hinom" passou a ser a "Geena" de fogo, e é dessa forma que essa palavra aparece no Novo Testamento. O seu primeiro uso acontece no Sermão do Monte, onde Jesus comenta o mandamento "Não matarás" com as seguintes palavras:

> Mas eu lhes digo que qualquer que se irar contra seu irmão estará sujeito a julgamento. Também, qualquer que disser a seu irmão: "Racá", será levado ao tribunal. E qualquer que disser: "Louco!", corre o risco de ir para o fogo do inferno [no grego, *geenna*] (Mateus 5:22).

Alguns versículos depois, ao ampliar o mandamento a respeito do adultério para o aviso contra pensar sobre ele, Jesus exorta: "Se o seu olho direito o fizer pecar, arranque-o e lance-o fora. É melhor perder uma parte do seu corpo do que ser todo ele lançado no inferno. E se a sua mão direita o fizer pecar, corte-a e lance-a fora. É melhor perder uma parte do seu corpo do que ir todo ele para o inferno [*geenna*; Mateus 5:29-30; compare com Marcos 9:43-47 e a declaração parecida em Mateus 18:9, em que se faz a referência ao "fogo do inferno"].

Duvido que Jesus esteja aconselhando a mutilação física ou mesmo que esteja proclamando que as pessoas seriam jogadas no inferno por pensamentos que não foram planejados. Esses versículos funcionam como uma ducha verbal de água fria: pensar em perder uma parte do corpo pode impedir a mente de usar o corpo para propósitos adúlteros.

No Discurso de Missão do capítulo 10 de Mateus (o discurso sem missão, conforme vimos no capítulo anterior), Jesus diz a seus discípulos: "Não tenham medo dos que matam o corpo, mas não podem matar a alma. Antes, tenham medo daquele que pode destruir tanto a alma como o corpo no inferno" (*geenna*; Mateus 10:28; veja também Lucas 12:5, que fala a respeito de se temer a Deus, quem tem a autoridade de lançar no inferno). Não sobra nada: nem corpo, nem alegria, nem dor, nem nada. Essa pode ser a maneira pela qual as outras referências de Mateus também funcionam com relação à *geena* e ao lago de fogo.

Por duas vezes no capítulo 23 de Mateus, que é conhecido como o capítulo dos "ais", Jesus ameaçou esses mestres rivais com a linguagem do inferno. Em 23:15, Ele acusa os escribas e os fariseus de percorrerem "terra e mar para fazer um convertido [em grego, *prosēlytes*, de onde vem a palavra "prosélito"] e, quando conseguem, vocês o tornam duas vezes mais filho do inferno do que vocês". Essa não se trata de uma referência aos judeus tentando converter gentios ao judaísmo; trata-se de uma referência aos fariseus tentando levar outros judeus a obedecerem a seus ensinamentos. No mesmo capítulo, Jesus chama os fariseus de "Serpentes! Raça de víboras! Como vocês escaparão da condenação ao inferno?" (*geenna*; Mateus 23:33).

"Filhos do inferno", "serpentes" e "raça de víboras" são apenas algumas das várias ofensivas que Jesus lançou contra essas pessoas;

voltaremos a analisar o que essas palavras de reprovação querem dizer no nosso capítulo final. Para os nossos propósitos neste capítulo, o comentário urgente é a ideia de ser "condenado ao inferno".

Trevas exteriores [...] choro e ranger de dentes

O termo "trevas exteriores" me dá a sugestão daquilo que os astrônomos chamam de "buraco negro", o fenômeno que acontece quando as estrelas imensas morrem e depois entram em colapso em si mesmas. A força gravitacional de um buraco negro é tão forte que suga as outras estrelas para dentro dele. Nem mesmo a luz pode escapar, portanto, os buracos negros são invisíveis; o único modo pelo qual eles podem ser detectados é por meio da localização da força que eles exercem sobre os objetos que estão perto deles. Isso parece uma boa definição moderna da ideia do inferno: um lugar possui uma ação gravitacional à sua volta, criado para se opor à luz e a vida, ou até mesmo a existência. Mas esse não é fim da história. Lemos a afirmação em João 1:5: "A luz brilha nas trevas, e as trevas não a derrotaram".

A expressão "choro e ranger de dentes" me faz lembrar de algo bem menos cósmico e bem mais imediato, como os sons criados por um dentista sádico, quem sabe Orin Scrivello, D. D. S., de *A Pequena Loja de Horrores* ou, pior ainda, a atuação de Laurence Olivier como Dr. Szell em *Maratona da Morte*.

A expressão "trevas exteriores" aparece somente no Evangelho de Marcos, e Mateus demonstra preferir a expressão "choro e ranger de dentes". Essa última expressão só aparece em um único outro

AS TREVAS EXTERIORES

lugar no Novo Testamento, Lucas 13:24-30, em que serve como aviso contra a apostasia de companheiros entre os que creem. Quando alguém pergunta a Jesus: "Senhor, serão poucos os salvos?", Jesus responde que ele está no caminho certo: a salvação não será para todos, e possivelmente não será nem mesmo para a maioria das pessoas. Jesus começa da seguinte forma: "Esforcem-se para entrar pela porta estreita, porque eu lhes digo que muitos tentarão entrar e não conseguirão". Depois Ele começa a contar uma parábola parcial que se parece com a Parábola das Dez Virgens de Mateus (Mateus 25:1-13), que descreve pessoas do lado de fora da porta dizendo: "Senhor! Senhor! Abra a porta para nós!". O dono da casa responde dessa maneira: "A verdade é que não as conheço!".

Quando as pessoas insistem dizendo: "Comemos e bebemos contigo, e ensinaste em nossas ruas" — comer e beber provavelmente sejam, para os destinatários pretendidos por Lucas, referências às celebrações da Ceia do Senhor — o dono repete: "Não os conheço, nem sei de onde são vocês. Afastem-se de mim, todos vocês, que praticam o mal!". Jesus conclui da seguinte forma: "Ali haverá choro e ranger de dentes, quando vocês virem Abraão, Isaque e Jacó e todos os profetas no Reino de Deus, mas vocês excluídos. Pessoas virão do oriente e do ocidente, do norte e do sul, e ocuparão os seus lugares à mesa no Reino de Deus" (Lucas 13:28-29; veja a passagem paralela em Mateus 8:12). Essa seção acaba com esta conhecida declaração (classificada pelos especialistas bíblicos como um "*logion* flutuante"): "De fato, há últimos que serão primeiros, e primeiros que serão últimos" (Lucas 13:30).

DECIFRANDO AS PALAVRAS DIFÍCEIS DE JESUS

Prefiro ler esse comentário sobre as trevas exteriores com esse *logion* flutuante. As trevas exteriores, o lugar de choro, não equivale ao inferno; elas equivalem ao fim da fila para onde foram aqueles que achavam que eram os "primeiros" (veja o capítulo 2). Jesus ensinou que aqueles que estão por dentro serão expulsos, rangendo os dentes, e os de fora se encontrarão do lado de dentro, no banquete celestial. É um aviso maravilhoso para as pessoas que se consolam em estar por dentro dando lugar à acomodação. Igualmente, é um incentivo maravilhoso para aqueles que veem a si mesmos como pessoas diferentes, como pessoas que não são bem-vindas à mesa: você terá o seu lugar e será recompensado; aqueles que buscaram deixá-lo de fora passarão para o fim da fila. Além disso, conforme sabemos a partir da história da mulher cananeia, existe comida suficiente para todos.

Esse versículo também reflete o florescimento completo da era messiânica, quando os mortos são ressuscitados e o juízo final acontece. Comer no reino de Deus significa se assentar com os patriarcas (insisto em dizer também as matriarcas) e outras figuras do passado na mesa messiânica. É por isso que os Evangelhos retratam Jesus como participando de uma refeição ou até mesmo a servindo (na multiplicação dos pães para os cinco mil e para os quatro mil, e nas bodas de Caná), falando sobre o "pão nosso de cada dia" ou "o pão para amanhã", e como aquele que estabelece o ritual do pão e do vinho. Ele está encenando de forma simbólica esse banquete messiânico. Entretanto, nem todos estarão à mesa.

Quem sabe Lucas está acrescentando um aviso particular aos que são da comunidade para se preocuparem em não apostatar. Nem todos na mesa encontrarão alguma recompensa celestial. No Evangelho de Lucas, quando Jesus estabelece a Eucaristia (a Comunhão, a Ceia do Senhor) e parte o pão com eles representando o seu corpo moído por eles (Lucas 22:19), Judas está junto com Ele. Jesus afirma dois versículos depois: "Mas eis que a mão daquele que vai me trair está com a minha sobre a mesa" (Lucas 22:21). Alguns podem estar no final da fila e aprenderem alguma coisa sobre o privilégio; mas alguns também podem ser retirados da fila, mas este seria o caso mais grave. A diferença é a seguinte: aqueles que ainda estão na fila são aqueles que querem continuar lá, que se arrependem da sua indiferença. Judas, pelo menos da maneira que Lucas conta a história, nunca se arrependeu.

No Evangelho de Lucas, as "trevas exteriores" e "o choro e o ranger de dentes" não consistem em temas importantes. No Evangelho de Mateus, eles não somente aparecem com frequência, mas também o seu terror é ampliado por outras referências sobre o que parece ser um destino no mínimo sombrio para muita gente.

No primeiro Evangelho, em primeiro lugar Jesus faz a ameaça do fogo do inferno para os divisores e aqueles que desobedecem ao Sermão do Monte, conforme vimos em sua ampliação do mandamento contra o assassinato para a proibição da ira. Ficaria ainda mais feliz se o Sermão do Monte fosse o único lugar em que Jesus ameaçou seus seguidores com um destino desagradável, mas esse não é o caso. Em Mateus 8:12, que se trata de uma referência paralela a que citamos anteriormente, diz: "Mas os súditos do Reino serão lançados para fora, nas trevas, onde haverá choro e ranger de dentes". Não sabemos quem são esses súditos, e Lucas não usa a palavra "herdeiros" nesse contexto, mas isso não me surpreenderia nem um pouco — dado o interesse de Jesus na economia distributiva — que se trate de pessoas que se acham seguras pelo fato de concederem o mínimo possível de amor ao próximo, mas ainda retêm seus recursos em vez de alimentar os famintos (a palavra *herdeiro* sugere um aspecto monetário para a ameaça). Esse versículo me faz lembrar da Parábola do Rico e Lázaro que se encontra em Lucas 16:19-31, em que o homem rico sofria o tormento depois da morte, aparentemente por ter deixado de proporcionar ajuda e conforto ao pobre Lázaro, que ficava às portas de sua casa (com "Moreover", o cão). Pode ser que a parábola esteja descrevendo o destino após a morte à espera do juízo final de Lázaro e do homem rico. O juízo final claramente não tinha acontecido ainda. Portanto, se o desconforto do homem rico, que por si só já é um desincentivo ao pecado e um aviso para se seguir a Torá, continua infinitamente, ou se ele desaparece na fumaça, fica para a nossa imaginação.

Em Mateus 13, um capítulo em que o evangelista faz uma coletânea de várias parábolas, Jesus comenta a Parábola do Joio e do Trigo com a seguinte ameaça:

Assim como o joio é colhido e queimado no fogo, assim também acontecerá no fim desta era. O Filho do homem enviará os seus anjos, e eles tirarão do seu Reino tudo o que faz tropeçar e todos os que praticam o mal. Eles os lançarão na fornalha ardente, onde haverá choro e ranger de dentes (Mateus 13:40-42).

AS TREVAS EXTERIORES

A mesma ideia ressurge alguns versículos adiante, em 13:49-50, no final da Parábola da Rede: "Assim acontecerá no fim desta era. Os anjos virão, separarão os perversos dos justos e lançarão aqueles na fornalha ardente, onde haverá choro e ranger de dentes". Essas linhas me parecem acréscimos de Mateus, já que a maioria das parábolas não vêm com explicações, nem essas explicações são necessárias para que as parábolas façam sentido. O choro e o ranger de dentes pode indicar remorso por um destino de destruição.

Em Mateus 18:23-35, que faz parte do discurso eclesial ou eclesiástico (a coleção que Mateus faz de material a respeito de como governar as assembleias reunidas em nome de Jesus), Jesus fala sobre a importância de perdoar um companheiro que também é membro da comunidade. Depois Ele conta uma parábola sobre um escravo (outro escravo) que está devendo para o seu senhor, o rei, uma soma enorme de dez mil talentos (como se diz sobre alguns itens: "Se você tem que perguntar quanto é, é que você não consegue comprar"). Quando o escravo não consegue pagar essa quantia, o rei ordena que se venda não só os seus bens, mas também sua mulher e os seus filhos, para saldar a dívida. O escravo roga ao rei para ter paciência e "o senhor [*kyrios*] daquele servo teve compaixão dele, cancelou a dívida e o deixou ir" (Mateus 18:27). Esse seria um ótimo momento para terminar essa parábola, mas ela não para por aí.

O escravo que teve a sua dívida perdoada encontra outro escravo que só deve a ele cem denários. Pegando esse escravo pelo pescoço, ele exigiu: "Pague o que você deve!", mas ele se recusou a fazê-lo; então ele saiu e mandou lançá-lo na prisão, até que pagasse a dívida" (Mateus 18:30). Alguns escravos, escandalizados, relataram ao seu senhor (*kyrios*) o que havia acontecido. O rei, muito irritado, perguntou ao escravo que tinha sido perdoado: "Você não devia ter tido misericórdia do seu conservo como eu tive de você?" (Mateus 18:33). O resultado foi este: "Irado, seu senhor entregou-o aos torturadores, até que pagasse tudo o que devia" (Mateus 18:34). A parábola termina com Jesus dizendo: "Assim também lhes fará meu Pai celestial, se cada um de vocês não perdoar de coração a seu irmão" (Mateus 18:35).

Essa parábola não passa de um aviso. Não fica claro se ela fala a respeito de perdoar pecados, ou mesmo sobre perdoar dívidas, ou até mesmo sobre as duas coisas juntas (obrigado, Mateus!). As parábolas não são vídeos da vida; elas nada mais são do que histórias criadas para nos desafiar, nos provocar, nos fazer pensar e nos motivar para agir de forma moral. De modo parecido, não se tem que acreditar em todas as torturas que Dante descreve no Inferno para perceber que esse poema consiste em um desincentivo ao pecado (ou a desprezar o poeta).

Mateus continua. Ele acrescenta à Parábola do Grande Banquete, aquela em que os primeiros que foram convidados apresentam desculpas desrespeitosas em vez de comparecerem à festa, um relato sobre uma pessoa que chegou a entrar, mas não estava com a roupa adequada. Um indício de que ele poderia não ter tido tempo de se trocar foi que ele tinha sido trazido da rua (Mateus 23:13) pelos escravos do rei (é isso mesmo que você leu, mais escravos!) Mas aí você pode dizer "Amy, trata-se de uma parábola! Não interprete mais do

AS TREVAS EXTERIORES

que se deve!". Provavelmente você tenha razão. Depois de ter perguntado como entrou na festa, ele ordenou "aos que serviam" (conforme está escrito na NVI, a palavra grega é *diakonoi*, "diáconos" ou "servos"): "Amarrem-lhe as mãos e os pés, e lancem-no para fora, nas trevas; ali haverá choro e ranger de dentes". Essa seção termina com mais um *logion* flutuante: "Pois muitos são chamados, mas poucos são escolhidos" (Mateus 22:14).

Será que isso é ameaçador? Claro que é! Será que se trata de um excesso de retórica? Sem dúvida! Mas será que isso equivale a uma predição daquilo que se espera como fazendo parte do juízo final? Tenho minhas dúvidas. Isso nada mais é que a mesma retórica de cortar o pé ou arrancar o olho.

A nossa terceira parábola consiste em outra história de "escravo" (Mateus 24:41-51), tendo como alvo pessoas de dentro da comunidade e, especialmente, os líderes da igreja. Esses líderes, que tratam mal as pessoas da comunidade e que se associam com beberrões (isto é, pessoas que não possuem domínio próprio; pessoas que se recusam a reconhecer que têm problemas ou mesmo a ir às reuniões dos Alcoólicos Anônimos) sofrem um destino sinistro: o mestre "o esquartejará e lhe dará lugar com os hipócritas, onde haverá choro e ranger de dentes" (Mateus 24:51). Essa parábola nos lembra mais uma vez dos horrores da escravidão. O escravo é morto e a sua memória, difamada.

Por fim, na conclusão da famosa Parábola dos Bodes e das Ovelhas, o rei diz aos "bodes" amaldiçoados que tinham deixado de ajudar o próximo que passava por necessidade: "Malditos, apartem-se

DECIFRANDO AS PALAVRAS DIFÍCEIS DE JESUS

de mim para o fogo eterno, preparado para o Diabo e os seus anjos" (Mateus 25:41). Isso nada mais é que a mesma ideia transmitida pela Parábola do Rico e Lázaro que se encontra em Lucas 16:19-31, em que o rico permanece em tormento eterno (embora não seja um tormento tão forte que evite uma conversa decente e um tanto casual com Abraão) por não socorrer Lázaro, que estava sofrendo. A referência ao "Diabo e os seus anjos" recorre a uma tradição possivelmente influenciada pelas histórias gregas dos titãs, de que os "anjos decaídos" do capítulo 6 de Gênesis permaneceram presos, somente para serem libertados e depois serem novamente presos no juízo final e no fim dos tempos. Vemos traços dessa ideia no documento mais recente do Novo Testamento, que é 2Pedro, que diz: "Pois Deus não poupou os anjos que pecaram, mas os lançou no inferno, prendendo-os em abismos tenebrosos a fim de serem reservados para o juízo" (2:4).

Que o inferno vá para o inferno!

Os tempos mudaram. Nas gerações posteriores aos apóstolos Paulo e João, o autor de Apocalipse, os seguidores de Jesus, que passaram a ser chamados de "cristãos", começaram a falar cada vez mais sobre o céu e o inferno, um interesse que foi importado em parte das histórias gregas e romanas de torturas no Hades e das recompensas nos Campos Elíseos. Os textos cristãos dos séculos segundo e terceiro — como os *Atos de Tomé* e o *Apocalipse de Pedro* — apresentam detalhes maravilhosos sobre o inferno; em uma antecipação de Dante, que conhecia alguns desses relatos, eles descrevem as torturas que são proporcionais às obras más de suas vítimas. Na época em que chegamos a Tomás de Aquino (1225-1274), não somente o inferno está firmemente estabelecido no imaginário cristão, como também Tomás sugere, seguindo a Parábola do Rico e Lázaro do capítulo 16 de Lucas, que a alegria dos santos aumenta porque eles podem assistir ao sofrimento dos condenados. Para mim, é insuportável a ideia de que os santos estariam entoando o equivalente latino do "Eu ganhei e você não". Rir da desgraça alheia é deselegante.

Quanto mais os cristãos falaram sobre salvação e perdição, mais os judeus rabínicos falaram sobre a santificação neste mundo. O foco no judaísmo não permanecia na magnitude do pecado, nem na cruz como castigo que foi pago por ele, mas no poder do arrependimento, tanto individual quanto da comunidade. O ensino judaico da Mishná em diante geralmente limitava o castigo depois da morte, em uma versão daquilo que poderíamos chamar de "intervalo" que dura o máximo de doze meses para os mais ímpios, inclusive a geração do Dilúvio, os egípcios que escravizaram Israel e mataram as crianças, Gogue e Magogue e "os ímpios na Geena" (mishná Eduyot 2:10). A tradição mística judaica, que é geralmente identificada com a palavra *cabala*, fala sobre a Geena como um tipo de saguão ou "corredor de entrada" para todas as almas. Provavelmente essa ideia tanto influenciou como foi influenciada pela visão católica romana do purgatório, o lugar onde as almas cristãs sofrem pelos seus pecados até que, depois de serem purificadas, possam entrar no céu.

Uma desvalorização ainda maior dos castigos e das recompensas depois da morte foi introduzida na tradição judaica no final do

DECIFRANDO AS PALAVRAS DIFÍCEIS DE JESUS

século 19 quando o movimento de reforma alterou a liturgia de louvar a Deus que "dá vida aos mortos" (ressurreição) para louvar a Deus que "dá vida a todos" (sem ressurreição). Sendo assim, os judeus que frequentam as sinagogas ortodoxas ou conservadoras recitam orações que afirmam a ressurreição, enquanto os judeus nas congregações reformadas atualmente possuem a opção de usar a fórmula tradicional ou a reformada. Entretanto, o que o judeu crê individualmente pode não ter nada a ver com o que a liturgia proclama. (O mesmo acontece nas igrejas, já que nem todos que se assentam nos bancos acreditam literalmente nos credos, por exemplo. Vocês sabem quem são essas pessoas.)

A ausência de qualquer sentido robusto para o inferno é a indicação mais profunda de que os judeus em geral não seguem a Torá para receber uma sentença de vida eterna ou evitar uma sentença de perdição eterna. Eles seguem a Torá em resposta ao amor que Deus demonstrou a eles ao fazer uma aliança com eles e lhes concedendo a Torá. Agir com justiça somente porque tem medo do inferno é confundir o medo com amor. Nas famílias saudáveis, não honramos o pai e a mãe porque temos medo de que eles nos batam ou nos deserdem; nós os honramos porque os amamos. Portanto, do mesmo modo, todo aquele que chama Deus de Pai fará a "vontade do Pai que está nos céus" (confira Mateus 7:21; 12:50) por amor, não por medo. Senão, Deus acaba se tornando um agressor.

Não devemos precisar das ideias do céu e do inferno para nos motivar a fazer a coisa certa, mas podemos precisar delas por outras razões. Alguns de nós podem ler Apocalipse e ver na destruição da

Grande Prostituta da Babilônia e dos seus seguidores a justiça necessária quando os governos sancionam o assassinato ou a limpeza étnica ou o genocídio, a ideia de fazer essas pessoas enfrentarem um tormento eterno consiste em uma mensagem de consolo. Se essa mensagem concede algum conforto, tudo bem. Não estou aqui para julgar.

As pessoas podem querer um inferno por não conseguirem encontrar justiça neste mundo. Outros podem pensar que já basta o inferno deste mundo. Será que vemos a nós mesmos nos alegrando com o tormento eterno de alguém, ou nos vemos trabalhando para evitar esse sofrimento no presente?

Eu não cresci com medo da condenação eterna; o mundo do final dos anos 1950 e do início dos anos 1960 — da Guerra Fria, das armas nucleares, de viver se escondendo, era suficientemente assustador. Eu ainda não tenho medo da perdição eterna. Os meus pensamentos com relação à morte, que foram exagerados por duas cirurgias do coração e uma crise de endocardite, não incluem demônios nem tridentes. O meu primeiro pensamento, em nível prático, é que a morte é extremamente inconveniente. Ainda tenho livros para ler e escrever, um suéter que quero terminar de bordar, e, sem dúvida, tenho muitos e-mails para responder. O segundo, que é infinitamente mais importante, é que não quero deixar nem meu marido nem meus filhos (e, é claro, nem Moreover, o cão), tanto por mim quanto por eles. Esses pensamentos me mantêm focada no dia de hoje e no de amanhã, não na vida após a morte.

Capítulo 6

O PAI DE VOCÊS É O DIABO

Vocês pertencem ao pai de vocês, o Diabo, e querem realizar o desejo dele.

João 8:44a

Fui questionada duas vezes por algumas senhoras nas igrejas metodistas, uma vez na Carolina do Norte, onde fiz meus estudos de graduação, e uma vez aqui onde moro, no Tennessee, quando foi que tiraram os meus chifres.

Já fazia uma ideia que alguns cristãos achavam que os judeus tinham chifres. Em parte, essa ideia vem desse versículo difícil que estamos estudando. Se os judeus realmente são filhos do Diabo — e o antecedente de "vocês" na frase "vocês pertencem ao pai de vocês, o Diabo" é "os judeus" (em grego *Ioudaioi*) —, então teriam que puxar algumas características genéticas dele. Essa ideia faz parte da fisiologia antiga (e também da moderna) na qual as crianças puxam características de seus pais.

Essa ideia de fato nos ajuda a entender como os primeiros leitores de João teriam entendido o relacionamento entre Jesus e Deus, isto é, o Pai. O filósofo Aristóteles sugeriu que o filho ideal (com certeza, o filho homem) nada mais é que a perfeita imagem do seu pai; puxa em tudo ao pai sem nenhuma mistura de características da mãe. Sendo assim, a mensagem de João é que, quando vemos Jesus, vemos a imagem de Deus. De modo parecido, a vontade de Jesus está perfeitamente interligada com a vontade do Pai, como Jesus atesta de forma coerente: "Eu e o Pai somos um" (João 10:30); "Pai, como tu estás em mim e eu em ti" (João 17:21). Esse vínculo entre o Filho Jesus (com F maiúsculo) e Deus (o Pai) fica por trás de toda a linguagem entre o Pai e o Filho no Evangelho de João, que é consideravelmente mais proeminente do que nos outros Evangelhos.

O nosso problema é que, se Jesus nada mais é do que a imagem perfeita do seu Pai, o que devemos pensar sobre a acusação de que os judeus são filhos do Diabo? Repito que os primeiros leitores de João não teriam nenhum problema com a ideia de que o Diabo, ou Satanás, tivesse filhos (*O bebê de Rosemary*, *A profecia* e, mais recentemente, *O mundo sombrio de Sabrina* possuem antecedentes antigos). O autor de 1João 3:12 diz a seus leitores: "Não sejamos como Caim, que pertencia ao Maligno e matou seu irmão. E por que o matou? Porque suas obras eram más e as de seu irmão eram justas". A expressão "que pertencia ao Maligno" (no grego: *ek tou ponērou*) sugere o significado "de Satanás" ou "do Diabo". Essa expressão "que pertencia ao Maligno" também aparece no Sermão do Monte, em que Jesus exorta: "Seja o seu 'sim', 'sim', e o seu 'não', 'não'; o que passar disso vem do Maligno" (Mateus 5:37; no grego: *ek tou ponērou*). Pode ser que, quando Jesus ensinou seus seguidores a orar o "Livra-nos do Maligno" (Mateus 6:13), ele estava pensando em Satanás.

Em parte, a ideia dos judeus como tendo chifres vem de uma tradução (olha aí mais um problema de tradução!) de Êxodo 34:29b. O texto hebraico afirma que, quando Moisés desceu do Monte Sinai para trazer "as duas tábuas da aliança" para os israelitas, ele "não sabia que o seu rosto resplandecia [em hebraico: *qaran* ou *panav*] por ter conversado com o Senhor" (NVI). Ou o substantivo significa "pele"; ou o substantivo *panav* quer dizer "sua face". O verbo *qaran*, que aqui é traduzido "resplandecia" ou "ficou radiante" é associado à palavra *qeren*, que significa "chifre". Portanto, "chifrudo" consiste em uma alternativa viável de tradução, quem sabe sugerindo raios de luz. A tradução grega (a Septuaginta) traduz *qaran* com uma palavra que significa "glorificar", de modo que os leitores entendem a pele no rosto de Moisés como glorificada. A transfiguração de Jesus (Mateus 17:2; Marcos 9:2-3; Lucas 9:28-36) é uma alusão a essa cena, e é a essa tradução grega que Paulo recorre em 2Coríntios 3:7, quando ele fala da "glória na face de [Moisés]". Até aí, tudo bem!

Jerônimo, que traduziu o texto hebraico para o latim (houve traduções latinas mais antigas, mas o esforço de Jerônimo, chamado de Vulgata, se tornou o padrão), optou por descrever Moisés como alguém que não percebia o fato de que *cornuta esset facies sua*, "seu rosto tinha recebido chifres". A partir da tradução de Jerônimo, começamos a ver, por volta do século 11, retratos de Moisés com chifres na arte cristã, seja como parte de um chapéu ou capacete, ou mesmo como chifres de fato. O exemplo mais famoso é o Moisés com chifres de Michelangelo na igreja de São Pedro em Cadeias (St Pietro in Vincoli) em Roma.

Essa ideia de Moisés com chifres não é totalmente estranha. Os chifres eram associados a alguns deuses antigos e podem ter servido para lembrar as pessoas do pecado do bezerro de ouro, ou para ajudar Moisés a enfrentar as forças cósmicas más, ou mesmo para simbolizar o poder especial de Moisés. Um Moisés com chifres equivale a um Moisés poderoso.

Entretanto, a iconografia cristã também retrata de forma típica Satanás e seus súditos como tendo chifres. Portanto, o problema de tradução do capítulo 34 de Êxodo está associado com a imaginação cultural do capítulo 8 de João. O resultado dessa associação é que não apenas Moisés, mas todos os judeus, são filhos do diabo e, portanto, devemos ter chifres.

Essa lenda dos chifres criou pernas (acredito que estou perto de criar uma metáfora mista). Se não me falha a memória, minha mãe me contou que o pai dela, que tinha adquirido uma loja de sapatos em New Bedford, Massachussetts, foi questionado pelo dono anterior — ele tinha sido o primeiro judeu que esse senhor tinha conhecido — se tinha chifres. Isso deve ter sido por volta de 1900. Portanto, quando eu enfrento essa questão face a face (literalmente), isso não me surpreende (espero de coração que você esteja gostando dessas referências a partes do corpo!).

Acabei dizendo com muita educação para essas senhoras que os judeus não possuem chifres. Elas tiveram uma ótima surpresa! Essa pergunta não fazia com que elas se tornassem antissemitas. Elas eram mal-informadas, mas não eram antissemitas.

A necessidade de uma cirurgia cardíaca

O Evangelho de João é um texto de beleza e poder imensos. O uso magnífico que ele faz da linguagem nos ajuda a experimentar o mundo de forma diferente. Por exemplo, com base nos vários significados da palavra *pneuma*, que pode significar "vento", "fôlego" ou "espírito" (entre as palavras que vem dela estão pneu e pneumonia), o Evangelho de João traz tanta vida ao mundo que um fôlego pode nos fazer lembrar do poder de Deus, um fôlego pode nos lembrar do Espírito Santo. Lemos a proclamação em João 4:24: "Deus é espírito [*pneuma*], e é necessário que os seus adoradores o adorem em espírito [*pneuma*] e em verdade".

Quando Jesus falou de ser "levantado", podemos ouvir o duplo sentido de levantado na cruz e levantado para a vida eterna. Em João 3:14, Jesus afirma: "Da mesma forma como Moisés levantou a serpente no deserto, assim também é necessário que o Filho do homem seja levantado". As referências são múltiplas! A primeira recorre à serpente de Números 21:4-9, que Moisés construiu como um objeto apotropaico (uma boa palavra para enriquecer o vocabulário: é um símbolo do mal para afastar o próprio mal, algo bem parecido com as gárgulas em uma igreja): as pessoas que eram mordidas por cobras venenosas costumavam olhar para essa serpente de bronze e eram curadas. Essa é a razão pela qual vários crucifixos retratam os joelhos de Jesus inclinados para os lados: a ideia é que o seu corpo se pareça com uma serpente. Em seguida, essa referência nos diz que a sua morte (levantado na cruz) equivale ao meio de sua pessoa ser exaltada (ao céu, à glória) e, por isso, também consiste no meio de levantar seus seguidores.

Sem o Evangelho de João, desde o prólogo magistral que diz "No princípio era a Palavra" até o milagre fabuloso em Caná, em que a água é transformada em vinho (a água se torna vinho mesmo, não em suco de uva), a ressurreição de Lázaro e o envio do Paracleto, o Novo Testamento teria muito a perder. Mas tem muito mais do que isso: existe o versículo famoso de João 3:16: "Porque Deus tanto amou o mundo que deu o seu Filho Unigênito, para que todo o que nele crer não pereça, mas tenha a vida eterna". A passagem de João 14:6 traz a proclamação de Jesus: "Eu sou o caminho, a verdade e a vida. Ninguém vem ao Pai, a não ser por mim". Para os seguidores de Jesus, essas declarações são reconfortantes, pois falam do sacrifício e da certeza, do socorro e da salvação.

Mesmo contando com tantas bênçãos, tantas passagens magníficas esteticamente e profundas teologicamente, o Evangelho de João também consiste em um depósito de algumas das passagens mais difíceis do Novo Testamento. Ele levanta questões sobre aqueles que não creem ou — em melhores palavras — aqueles que possuem outras crenças. Será que aqueles que não confessam a Jesus Cristo como Senhor serão relegados ao esquecimento por deixarem de crer? Será que sofrerão alguma condenação tão rígida, levando-se em conta especialmente que a crença não pode ser controlada? A crença é como o amor: você sabe que tem quando sente. Ela não pode ser baseada firmemente na lógica ou no argumento, razão pela qual os apologistas geralmente falam para as pessoas que já estão dentro da comunidade. Acho que já ouvi todas as razões possíveis pelas quais se deve aceitar Jesus como Salvador. Se algum de vocês já foi evangelizado por alguém de alguma outra comunidade religiosa e pensou: "Tudo isso até que é interessante, mas estou muito feliz onde eu me encontro", você sabe como é esse sentimento.

Nós também precisamos nos preocupar sobre como as pessoas que consideram o livro de João escritura sagrada deve ensinar e pregar esse material. O que dizemos aos nossos filhos quando eles perguntam se nossos amigos — o muçulmano Rahim, a hindu Indira, o judeu Mendel, e assim por diante — serão salvos? O que dizemos quando eles ouvem falar que os "judeus" são filhos do Diabo ou que todo aquele que não é batizado, ou não é batizado em alguma igreja em particular, é um filho do Diabo nesse sentido? Recebo e-mails várias vezes por mês de pregadores e ensinadores pedindo orientação sobre como encontrar boas notícias no Evangelho de João, já que ele parece promover o ódio aos judeus.

A maior parte do ensino e da pregação antijudaicos que ouço em igrejas em estudos bíblicos cristãos vem da ignorância, não do ódio. Mesmo nas minhas aulas, quando peço aos alunos para refletirem sobre João 8:44 ou outra passagem que tem sido utilizada de um modo ou de outro contra os judeus, eles geralmente ficam surpresos. Muitos não têm a mínima noção sobre os efeitos da passagem de Mateus 27:25, o relato de que "todo o povo [judeu]" aceita a responsabilidade pela morte de Jesus, não se limitando a pedir que Pilatos o crucifique, mas também "Que o sangue dele caia sobre nós e sobre nossos filhos!". Foi esse versículo que levou à ideia de os judeus possuírem uma culpa judaica de sangue, uma visão que começou a ser rejeitada em 1965, quando o Vaticano desaprovou essa ideia e várias denominações protestantes o seguiram nisso. Eles não se lembram de ter lido 1Tessalonicenses 2:14b-16, em que Paulo fala sobre os judeus "que mataram o Senhor Jesus". Eles não notaram as referências no livro do Apocalipse à "sinagoga de Satanás" (Apocalipse 2:9; 3:9). A lista continua, mas a minha ideia não é o ataque verbal.

Com a ascensão do ódio aos judeus por todo o mundo, com pessoas que se identificam como "cristãs" atirando em pessoas nas sinagogas e em centros comunitários judaicos, e com as crianças em lares cristãos descobrindo que os ensinos neonazistas são compatíveis com o que ouviram sobre "os judeus" nos Evangelhos, os sacerdotes, os pastores, os líderes de estudos bíblicos e ministros de jovens precisam cada vez mais ter discernimento quanto ao que ensinam e pregam. O mesmo princípio se aplica a qualquer ensino que demoniza o outro grupo. Portanto, já falei com vários rabinos, bem como com amigos judeus quando ouço comentários anticristãos. Todos nós temos alguma bagagem.

Nós, seres humanos, também somos geralmente autoprotetores, e quando alguém, independentemente do quanto são educados, sugerem que fizemos ou dissemos algo errado, a nossa primeira reação geralmente consiste em resistir. Quando demonstrei a amigos, ou alunos, ou para as pessoas que me enviaram artigos, que a sua pregação, o seu livro e o seu estudo bíblico ameaçam inculcar ou reforçar pensamentos antijudaicos, eles geralmente ficam na defensiva: "Eu não quis dizer *todos* os judeus" ou "Ninguém leva essa retórica a sério" ou "AJ, você está exagerando!", ou mesmo recorrem às seguintes justificativas: "Eu só estou citando Jesus" ou "existem coisas horríveis sobre Jesus no Talmude" ou "o problema real está em..." ou dezenas, até mesmo centenas de desculpas semelhantes. Essas desculpas não resolvem o problema, só o colocam debaixo do tapete.

A grande maioria dos cristãos que conheço — e conheço muitos cristãos — não odeia os judeus, e não leio suas Bíblias como algum material conscientemente antijudaico. O problema é que o ódio aos judeus, do mesmo modo que os outros pecados sociais do racismo, do machismo, da discriminação por classe social, de julgar as pessoas pela aparência do seu corpo ou como seu corpo se expressa, e assim por diante, passou a ser considerado de forma tão natural que as pessoas mal conseguem enxergar. Além do mais, quando enxergamos, passamos a nos defender em vez de nos abrirmos à possibilidade de que podemos melhorar. O Jesus que eu conheço a partir dos Evangelhos está interessado de forma substancial em fazer de nós pessoas melhores, e parte desse processo é abrir o coração. O processo é doloroso, como qualquer pessoa que já abriu o peito em uma cirurgia cardíaca sabe muito bem. Saímos desse procedimento com cicatrizes, mas idealmente saímos de tudo isso como pessoas mais saudáveis. A caminhada é difícil, o caminho é estreito, mas as recompensas são imensas!

Sobre os insultos

Existe um provérbio antigo que diz: "Paus e pedras quebram ossos, mas insultos, não". Não existe nada mais equivocado do que isso. Os insultos podem magoar, desanimar ou até mesmo matar. Já vi casos de crianças que passaram por *bullying* no pátio da escola ou atualmente na Internet que preferiram se suicidar a serem assediadas. Tenho conhecimento de adultos — podemos até nos incluir entre eles — que ainda estão sofrendo o impacto de insultos que receberam quando crianças.

No Sermão do Monte, Jesus amplia o mandamento "Não matarás" para:

> Se irar contra seu irmão estará sujeito a julgamento. Também, qualquer que disser a seu irmão: 'Racá' [não temos certeza sobre o que isso significa, mas coisa boa não é], será levado ao tribunal. E qualquer que disser: 'Louco!' [no grego, *mōron*], corre o risco de ir para o fogo do inferno [literalmente, *geenna*]" (Mateus 5:22).

Admito que a condenação à Geena não é algo muito desejável. Se Jesus tivesse parado antes disso, ou seja, na proibição de insultar os outros, ficaria bem mais contente.

Os Evangelhos, por sua vez, apresentam alguns insultos brilhantes. João Batista se refere às multidões em geral (Lucas 3:7) ou especificamente a uma combinação estranha de saduceus e fariseus como "raça de víboras" (Mateus 3:7), e Jesus se utiliza do mesmo insulto para protestar contra os fariseus (Mateus 12:34) e contra os escribas e fariseus (Mateus 23:33). O insulto possui uma mordida diferenciada (uma boa metáfora nesse contexto), já que se pensava que os filhotes de víboras abriam seu caminho com mordidas para sair da mãe, matando-a nesse processo: que grande insulto para um grupo que se acha ter destruído sua herança. O soro para esse insulto (sim, estou me divertindo com esse palavreado, e os trocadilhos ajudam esse material difícil a ser digerido com maior facilidade) se baseia em dois fatos. O primeiro é que as víboras tendem a ser ovovivíparas, o que significa que a mãe choca os ovos fertilizados internamente. Entretanto, a mãe possui a anatomia necessária para dar à luz de forma segura. Portanto, essa lenda é falsa. Em segundo lugar, essa lenda é falsa em outro sentido, porque nem os fariseus nem os saduceus mataram a tradição anterior; na verdade, eles a preservaram.

Jesus lança vários outros insultos. Conforme vimos no capítulo 4, Ele chama indiretamente uma mulher cananeia de *cachorrinho*; chama os fariseus e os escribas de *hipócritas* (Mateus 23) e acusa Herodes Antipas chamando-o de *raposa* (Lucas 13:32). Para atender nossos propósitos, como um prelúdio para João 8:44, Ele chama Simão Pedro de "Satanás", que é o maior insulto de todos. Foi na ocasião em que conversou com seus discípulos em Cesareia de Filipe. Pela primeira vez, Jesus anunciou que "era necessário que o Filho do homem sofresse muitas coisas e fosse rejeitado pelos líderes religiosos, pelos chefes dos sacerdotes e pelos mestres da lei, fosse morto e três dias depois ressuscitasse" (Marcos 8:31). Embora Jesus tenha falado anteriormente em parábolas, Marcos diz dessa vez que "Ele falou claramente [ou "abertamente"] a esse respeito" (Marcos 8:32). Horrorizado com essas palavras, Pedro chama Jesus à parte e começa a brigar. Novamente de forma clara, Jesus diz a Pedro: "Para trás de mim, Satanás! Você não pensa nas coisas de Deus, mas nas dos homens" (Marcos 8:33; cf. Mateus 16:23). Não ficaria surpresa se Pedro lembrasse desse momento em Cesareia de Filipe. Costumamos

DECIFRANDO AS PALAVRAS DIFÍCEIS DE JESUS

lembrar das palavras que ferem, especialmente quando elas vêm de alguém que respeitamos ou amamos.

Jesus não achava que Pedro era realmente Satanás, e Ele também não desistiu de Pedro ou dos outros discípulos, apesar da frequente estupidez deles (a paciência de Jesus é bem maior do que a minha). Mesmo assim, esse insulto irrita, porque qualquer vínculo com Satanás ou o Diabo (que significam a mesma coisa nesse contexto) sugere a oposição aos planos de Deus. Alguns dos meus alunos sugerem que, com sua acusação de "Satanás", Jesus estava praticando o "amor duro". Pode ser que sim.

Os insultos na antiguidade eram comuns, do mesmo modo que o são hoje em dia. Porém, isso não quer dizer que devamos descartá-los como sem sentido ou simplesmente convencionais. Em vez disso, devemos observar onde eles aparecem, aquele que o profere e o alvo do insulto. Nem todos os insultos carregam o mesmo peso. Quando os profetas de Israel condenavam as pessoas por deixarem de seguir a Torá, essas mesmas pessoas, e os seus descendentes, preservavam as palavras dos profetas. A retórica profética, que pode ser bem dura, ainda fica dentro dos limites da família, e claramente tem o propósito de impedir as pessoas de pecar. Quando Jesus chama Pedro de "Satanás", sabemos que Ele não acha que Pedro esteja perdido. Pedro continua fazendo parte de uma história mais ampla. Entretanto, quando os insultos e as acusações contra os companheiros judeus são embalados em um texto do Evangelho que passa a ser a propriedade de uma igreja cada vez mais gentia, eles podem ser deformados. Os membros da igreja podem ouvir as condenações que Jesus faz aos fariseus, ou aos judeus, como condenações daqueles que estão de fora, e não como uma palavra profética, uma condenação daqueles que consideram os Evangelhos como sagrados.

O Diabo e os seus filhos

Do mesmo modo que não carrego nenhuma lembrança da palavra "inferno" quando era criança na sinagoga, também não lembro de que a palavra "Diabo" tenha sido mencionada em nenhuma ocasião. De nossas lições na escola hebraica sobre o livro de Jó, sabia da existência de "Satã" (em hebraico, *ha-satan*), o acusador ou o advogado de acusação que trabalhava no conselho divino. Um dos programas favoritos da minha mãe era Perry Mason, que estrelava Raymond Burr. Esse programa, que já teve várias versões novas, fala a respeito de um advogado, da secretária Della Street, do amigo do detetive Paul Drake e do adversário no tribunal de sempre, o promotor distrital do condado de Los Angeles, Hamilton Burger (passei anos sem perceber que o seu nome era ham-búrguer). Do mesmo modo que acabou sendo provada a inocência de Jó, assim acontecia com os clientes de Mason. O Satã para mim era Hamilton Burger: até que ele fazia uma boa acusação, mas nunca ganhava. Hamilton Burger não me dava tanto medo assim (na verdade, o que eu sentia era pena dele), portanto, não tinha muito medo do Satã.

Quanto ao Diabo, a minha primeira lembrança de ouvir falar dele no sentido de uma figura malévola vem do comediante Flip Wilson, cujo bordão era "A culpa é do Diabo". Flip era engraçado, mas a

DECIFRANDO AS PALAVRAS DIFÍCEIS DE JESUS

ideia de usar um ser sobrenatural com desculpa para más ações me pareceu mais uma maneira fácil de fugir à responsabilidade.

Depois eu li o livro *Paraíso perdido*, de John Milton, onde Satanás era o personagem mais interessante (embora nunca tenha tido vontade de namorar essa figura). Ele já não fazia mais parte da corte celestial que testou Jó e não era a figura da literatura rabínica posterior que testa o justo para ver se ele pode afastá-lo da fidelidade a Deus; ele era um tipo de adversário de Deus.

Tanto com relação ao inferno quanto com relação ao Diabo, os judeus e os cristãos possuem histórias diferentes de recepção. De maneira principal, a visão judaica do Diabo vem da Tanakh, a Bíblia judaica. Além das várias vezes que ele aparece nos dois primeiros capítulos do livro de Jó, Satanás só aparece duas vezes, nenhuma delas no livro de Gênesis.

O nosso primeiro exemplo é Zacarias 3:1-2, a visão apocalíptica em que ele vê o Satã (*ha-satan*) fazendo acusações contra o sumo sacerdote, cujo nome é Josué. O Satã não chega a lugar nenhum com isso, porque Deus se levanta no papel de Perry Mason para defender o sumo sacerdote: "O SENHOR o repreenda, Satanás! O SENHOR que escolheu Jerusalém o repreenda! Este homem não parece um tição tirado do fogo?"

No segundo caso, a referência serve como um tipo de mudança de perspectiva. De acordo com 2Samuel 24:1: "Irou-se o SENHOR contra Israel. E incitou Davi contra o povo, levando-o a fazer um censo de Israel e de Judá". O texto não nos conta o que levou à ira de Deus, nem conta por que Deus incitou a Davi a fazer um censo, muito menos explica por que fazer um censo era em um problema. Podemos, no entanto, propor uma resposta para essa terceira questão. Hoje, o censo nacional nos ajuda com dados para destinação de verbas, por exemplo. Na antiguidade, servia para ajudar os governos a decidirem o quanto de imposto podiam coletar (provavelmente o que os leitores de Lucas 2:1 estavam pensando sobre o censo de César Augusto que levou Maria e José de Nazaré para Belém) e quantos homens eles podiam alistar para a guerra (quanto a esse aspecto, veja 2Samuel 24:9). Existe o vínculo em Êxodo 30:11-16 de se fazer o censo com a possibilidade de pragas, e os novos impostos ou a coleta deles me parece passível de praga.

Existem várias explicações teológicas para a razão de se contar as pessoas e, por isso, o ato de fazer o censo era associado a pragas, ao mal e ao pecado. A minha favorita é que o censo substitui os seres humanos, cada um estampado com sua própria marca de imagem e da semelhança divinas, por números. Outra é que, pelo menos para os judeus, Deus prometeu a Abraão descendentes mais numerosos do que as estrelas do céu e do que a areia da praia (Gênesis 22:17; cf. Oseias 1:10), portanto, a contagem daria a entender alguma limitação no propósito divino.

Se fazer censo se trata de algo ruim por esse motivo, temos o problema teológico de Deus incitar Davi a fazer isso. A mudança de perspectiva resolve o problema. De acordo com 1Crônicas 21:1, é *Satã* — nesse versículo, está desacompanhado do artigo; essa palavra passou a ser um nome próprio — que tentou Davi a fazer o recenseamento; a Septuaginta (LXX) traduz a palavra hebraica *Satã* por *Diabolos*.

Somente fora dos livros que passaram a fazer parte da Bíblia Hebraica/Tanakh/Antigo Testamento é que começamos a ver *satan* se tornar um anjo decaído, um poder em oposição ao divino e um tentador malevolente para o mal. É essa imagem posterior de Satanás, ou do Diabo, que encontramos nas narrativas da Tentação nos Evangelhos (por exemplo, Mateus 4:10; Marcos 1:13). O Evangelho de Lucas 22:3 (veja também João 13:2) diz que Satanás entrou em Judas Iscariotes, iniciando, desse modo, o processo que levou Jesus à morte.

Para a maioria das pessoas no primeiro século, o mundo era habitado por seres divinos, sendo alguns bons como o Deus de Israel e os seus anjos, como Gabriel que aparece a Zacarias e Maria no capítulo 1 de Lucas, e alguns inclinados à destruição, como Satanás e sua equipe demoníaca, como a "Legião" que possuiu o homem em Gerasa (veja Marcos 5:1-20). A mesma ideia funcionava no mundo gentio, que possuía tanto deuses benevolentes como malevolentes. Satanás, ou o Diabo, veio a simbolizar tudo o que se opunha a Deus, e muitas pessoas começaram a especular sobre a batalha espiritual presente entre o mau Satanás e os seus seguidores, divinos e humanos, e o bom Deus e os seus seguidores, divinos e humanos.

As pessoas que eram possuídas por demônios não eram vistas como pecaminosas; em vez disso, elas eram dignas de pena, de cuidado e, se possível, passavam pelo exorcismo. Em compensação, Jesus é, na prática, "possuído" pelo Espírito Santo quando este desce sobre Ele no seu batismo. Sendo assim, Ele é empoderado para batalhar contra Satanás e todos os seus agentes que possuem os seres humanos.

Existe uma diferença entre ser visto como possuído por Satanás e ser visto como filho de Satanás ou "filhos do Diabo". As pessoas endemoninhadas faziam coisas que de outro modo não fariam ou que são contra a sua vontade. Entretanto, se alguém é um filho verdadeiro de Deus, essa pessoa faz a vontade de Deus. Se alguém é filho de Satanás, fica predisposto, por esse motivo, a fazer o mal. Ser "possuído por um demônio" consiste em um estado que pode ser curado por um exorcista; ser filho do Diabo equivale a ser a encarnação do mal. Para essas pessoas, não há esperança.

Se você está pensando que "isso parece com a dupla predestinação", como se pode encontrar em alguns bolsões do pensamento calvinista, está certo. A ideia da predestinação era uma opção do pensamento judaico antigo. O historiador Josefo, do primeiro século, relata que os fariseus tanto acreditavam que Deus tinha uma função dentro dos afazeres humanos (predestinação) quanto que os homens tinham livre-arbítrio; já os saduceus só acreditavam no livre-arbítrio (eles podiam fazer isso; eles eram ricos a princípio, então, poderiam atribuir seu sucesso a seus próprios gestos astutos), sem dar lugar à divina providência; por fim, os essênios acreditavam na predestinação ou no destino.

O documento rabínico Pirkei Avot, a Ética dos Pais, cita o grande rabino Akiba ao proclamar: "Tudo foi previsto, e mesmo assim é dada a liberdade de escolha" (3:15), e no Talmude Babilônico (Berakhot 33b, cf. Niddah 16b), o rabino Hanina afirma que tudo está no poder de Deus, exceto o temor a Deus. Ele baseia seu pensamento em Deuteronômio 10:12: "E agora, ó Israel, que é que o Senhor seu Deus pede de você, senão que tema o Senhor, o seu Deus, que ande em todos os seus caminhos, que o ame e que sirva ao Senhor, ao seu Deus, de todo o seu coração e de toda a sua alma". Eu concordo em parte com o rabino Hanina: sim, podemos escolher andar nos caminhos da Torá, mas não acho que podemos escolher o amor.

As Epístolas Paulinas, por sua vez, se inclinam a uma visão semelhante aos essênios que favorece a predestinação sobre o livre-arbítrio. Em 1Tessalonicenses 3:3-4, Paulo diz a seus leitores que "foram designados para" as perseguições pelas quais eles estão passando. Ele continua dizendo: "Quando estávamos com vocês, já lhes dizíamos que seríamos perseguidos, o que realmente aconteceu, como vocês sabem". Temos a proclamação em Efésios 1:4 de que a congregação era predestinada à salvação, "Porque Deus nos escolheu nele antes da criação do mundo, para sermos santos e irrepreensíveis em sua presença em amor"

Quanto à relação entre a predestinação e o livre-arbítrio, parece-me que na maior parte do tempo escolhemos como agir: dar algum passo, escolher algum caminho, fazer alguma doação, evitar fumar. Entretanto, não acho que isso seja uma escolha, e isso inclui também o amor. Do modo que entendo, a fé consiste em algo para o qual uma pessoa é chamada — uma vocação —, e não se trata de uma conclusão de algum argumento lógico. Paulo, que não é nenhum tolo, não chegaria a seu relacionamento com Jesus se não tivesse passado por aquilo que ele percebeu ser uma visão e uma comissão no caminho de Damasco. Os dois discípulos que Lucas descreve como tendo encontrado Jesus sem tê-lo identificado no caminho de Emaús não entendem a ideia da identidade messiânica de Jesus por meio de um estudo bíblico, mesmo com Jesus os ensinando; eles só entendem no partir do pão, na experiência da presença eucarística.

Encaro o Evangelho de João como substancialmente favorável à predestinação. Esse é o modo pelo qual os versículos como João 6:65 têm sido entendidos: "Ninguém pode vir a mim, a não ser que isto lhe seja dado pelo Pai". Por outro lado, vários especialistas discordam de mim. A alternativa comum é dizer que Deus chama a todos, já que "Deus amou o mundo de tal maneira...". Portanto, a culpa é das pessoas que não aceitam o chamado. Volto a dizer que isso não faz sentido para mim pessoalmente, já que a princípio nunca senti esse chamado. Esse é outro ponto em que as congregações e as classes queriam iniciar uma discussão. O quanto se deve à predestinação (vontade de Deus) e o quanto se deve ao livre-arbítrio?

Se a visão predestinacionista estiver certa, temos o problema de um Deus que, de forma aparentemente arbitrária, separa algumas pessoas para a salvação e outras para a perdição. Para mim, esse não é um retrato feliz, e também não é o único que existe.

João 8:44 no contexto do Evangelho de João

O nosso versículo problemático aparece dentro de uma conversa maior entre Jesus e os judeus (*Ioudaioi* — pode apostar que voltaremos a falar sobre a questão de como traduzir essa palavra). Essa seção é longa, porque, de modo diferente dos Evangelhos Sinóticos (Mateus, Marcos e Lucas), em que as histórias são relativamente pequenas e possuem lindas molduras, o Evangelho de João retrata Jesus

DECIFRANDO AS PALAVRAS DIFÍCEIS DE JESUS

ensinando em discursos longos, e geralmente uma história se encaixa na outra de forma quase perfeita.

A seção começa no Templo de Jerusalém, com Jesus proclamando a si mesmo como "a luz do mundo" (João 8:12a) e, portanto, afirmando que aqueles que não o seguem andam na escuridão (João trabalha com essa linguagem da luz e da escuridão por todo o livro, que é mais um dos lampejos literários deste Evangelho). Jesus e os fariseus passam a discutir sobre a legitimidade do testemunho de Jesus, que é o que Ele quer dizer quando afirma que vai a um lugar para onde eles não podem ir, a identidade do Pai (com P maiúsculo) e a própria identidade de Jesus. A plateia muda em 8:31 dos "fariseus" para "os judeus que tinham crido nele". João dá a impressão de que essas pessoas seguem Jesus há pouco tempo, mas, pelo final do capítulo, fica claro que eles não o seguem mais. Além disso, também lá pelo final, João parece estar falando a respeito de todos os que se identificam como judeus.

No próximo versículo, encontramos o comentário famoso: "A verdade os libertará" (8:32), que os judeus questionam dizendo que nunca foram escravos. Embora esse versículo pudesse ser interpretado como: "Nunca fomos escravos do pecado", acho que essa não é a ideia de João. Em vez disso, o esquecimento que eles tiveram de séculos de escravidão no Egito é, no mínimo, irônico. A impressão que o texto deixa é que eles estão negando sua identidade ao negar o seu passado, e essa impressão logo se confirma.

A conversa prossegue de forma fluente para as questões de patrimônio. Em primeiro lugar, Jesus reconhece: "Eu sei que vocês são descendentes de Abraão" (8:37a). Então, Ele passa a despojá-los de sua ancestralidade, porque "se vocês fossem filhos de Abraão, fariam as obras que Abraão fez" (8:39). Em vez de serem fiéis como Abraão foi, esses judeus estão, como Jesus diz, tentando matá-lo.

Os judeus duplicam a réplica: eles não são somente filhos de Abraão, mas também anunciam: "O único Pai que temos é Deus". Jesus também retira a paternidade deles dizendo: "Se Deus fosse o Pai de vocês, vocês me amariam" (8:42). Ele conclui que a razão pela qual os judeus não conseguem aceitar as declarações que Ele faz é que "Vocês pertencem ao pai de vocês, o Diabo, e querem realizar o desejo dele. Ele foi homicida desde o princípio e não se apegou à verdade, pois não há verdade nele. Quando mente, fala a sua própria língua, pois é mentiroso e pai da mentira" (João 8:44). Essa conversa, que continua por outros 14 versículos, termina com os judeus pegando pedras para atirar em Jesus.

E então, como ficamos?

Trabalhando com as dificuldades do texto

Os comentaristas, especialmente aqueles que descrevem depois dos horrores da Shoah (o Holocausto) e na ascensão do Concílio Vaticano II, tentam neutralizar esse "versículo satânico". Agradeço o esforço, mas os seus argumentos não me convencem. Você pode muito bem ter sido convencido, porque essas discordâncias fazem parte da arte da interpretação bíblica. Além disso, você pode estar certo.

Alguns sugerem que a palavra *Ioudaioi* nesse contexto e em outras passagens do Evangelho de João (essa palavra aparece cerca de setenta vezes) realmente indicam os "líderes judeus" e, por isso, João não está condenando todos os judeus, nem os daquela época nem os posteriores. Esse argumento indicaria que, cada vez que o Evangelho usa essa palavra, precisaríamos definir se João está se referindo a todos os judeus ou apenas a alguns deles. Entretanto, não é essa a maneira que os leitores entendem. O termo *Ioudaioi* bate como um sino várias vezes, de modo que todas as referências se misturam em uma só. Nem sequer existe uma razão textual que esses "judeus que creram nele" não passem de "líderes" judeus. A impressão que temos no final do capítulo é de que todos os que se identificam como *Ioudaioi* são filhos do Diabo.

Outros sugerem que João está falando com base no trauma da rejeição. Pelo fato de ter sido expulso da sinagoga (veja João 9:22; 12:42; 16:2), João se envolve em uma retórica reacionária: vocês, judeus, expulsaram os que confessam a Cristo, então, seus comentários duros são fruto dessa divisão. O problema aqui é que não temos provas de que os judeus daquela época tinham expulsado os que confessaram a Cristo, e até o Evangelho de João fecha essa questão como uma ameaça em vez de uma prática efetiva. Paulo fala de ser disciplinado nas sinagogas da Diáspora (2Coríntios 11:24), não de ser exilado delas. O arcebispo de Constantinopla, João Crisóstomo (347-407), criticou severamente os cristãos em suas igrejas em Antioquia porque eles estavam frequentando os cultos na sinagoga. Os judeus, em vez de expulsar quem confessava a Cristo, os acolhiam.

Essa explicação também deixa de lado o motivo, se essa expulsão realmente aconteceu, de os judeus acharem que os judeus que proclamavam Jesus como Senhor eram algum problema. A questão não é tanto de cunho teológico, já que todas as pessoas são "filhas de Deus", mas assume um tom político. Na Diáspora, proclamar que uma pessoa que passou pela crucificação era um "Senhor" despertaria suspeitas das autoridades romanas locais. Porém, os seguidores de Jesus fizeram mais do que isso: disseram aos gentios que eles precisavam adorar somente o Deus de Israel, portanto deveriam parar de adorar os deuses locais e imperiais. Já que esses deuses protegiam a cidade e o império, a visão gentia geral era de que parar esse culto colocaria a cidade e o império em perigo. Já que a mensagem estava vindo de judeus de orientação messiânica sobre um messias judeu, a mensagem colocaria os outros judeus em perigo. Por fim, se alguém fosse a uma sinagoga e afirmasse que o único caminho para se seguir a tradição seria adorar a Jesus, seria uma visita tão indesejada quanto um visitante que proclamasse que Maomé era o profeta de Deus e que o Alcorão devia substituir o Antigo e o Novo Testamento.

Uma terceira opção é não traduzir a palavra *Ioudaios* como judeu, mas como "alguém da Judeia". Essa tradução é legítima, e em alguns casos é a melhor opção. Por exemplo, "cidadão da Judeia" faz mais sentido do que "judeu" quando estamos falando sobre geografia. Lemos em João 3:22a que "Jesus foi com os seus discípulos para a terra da Judeia [*Ioudaia*]", e a maioria das traduções apresentam adequadamente como "interior da Judeia". Mas quando se refere a pessoas, temos que decidir se queremos destacar o vínculo geográfico ou os vínculos mais amplos que indicariam, especialmente para os leitores atuais, o que sugere a palavra "judeu" e a expressão "da Judeia".

Mesmo existindo vários problemas com ela, existe um benefício com essa opção "da Judeia". O benefício é que pode evitar a introdução ou o reforço de ideias antijudaicas. Afirma-se em João 20:19: "Ao cair da tarde daquele primeiro dia da semana, estando os discípulos reunidos a portas trancadas, por medo dos judeus, Jesus entrou, pôs-se no meio deles e disse: 'Paz seja com vocês!'". Se traduzirmos a palavra grega como "judeus", evitamos o aviso estranho de que os discípulos — que eram judeus — estariam com medo dos judeus, e também evitariam a noção de que "os judeus" como um todo desejavam capturar os seguidores de Jesus. Se traduzirmos isso como "da Judeia" e relembrarmos que os discípulos parecem ser da Galileia (Judas Iscariotes às vezes e considerado da Judeia), a caracterização geográfica funciona. Por causa disso, os "filhos do Diabo" não são judeus, mas habitantes da Judeia.

Passarei a falar agora dos vários problemas com esse argumento. (Cada vez mais tenho a impressão de que Perry Mason, Hamilton Burger, e até mesmo eu ficaríamos bem à vontade nesse particular para identificar o modo pelo qual entendemos as provas). Em primeiro lugar, a diferenciação entre *judeu* e *habitante da Judeia* pode ser nula: partia-se do princípio de que os habitantes da Judeia eram judeus. Em segundo lugar, essa mudança de *judeu* para *habitante da Judeia* exige que se dê atenção a cada uma das setenta vezes que a palavra é usada, e essa não é a maneira pela qual os leitores costumam ler, nem como os escritores contam suas histórias, para os quais a repetição de palavras faz parte da arte narrativa. Em terceiro lugar, "habitantes da Judeia" possui tanto um sentido amplo para se referir a todas as pessoas cujas famílias eram vistas como procedente da

Judeia quanto também um sentido restrito de "Judeia" em oposição à palavra "Galileia". Paulo pode ser visto como habitante da Judeia, mesmo com sua família morando em Tarso, do mesmo modo que atualmente as pessoas moram em determinada parte do mundo, mas se identificam nacionalmente como de algum outro lugar. Quando falamos sobre etnia, podemos nos identificar como irlandês, ou queniano ou argentino, quando, na verdade, somos cidadãos norte-americanos. Por outro lado, "habitante da Judeia" pode se referir especificamente a pessoas que moram na Judeia, a parte que se situa ao sul da terra judaica. O Evangelho de João deixa claro que Jesus não veio da Judeia (João não possui nenhuma narrativa de nascimento em Belém, que está na Judeia); Ele é de Nazaré, na Galileia. Pedir aos leitores que decidam como o termo está sendo utilizado em João — seja como uma referência geral ou particular em cada vez que ele aparece — é pedir demais.

Por fim, se traduzíssemos de forma unívoca essa palavra como "habitante da Judeia" em todas as vezes que ela aparece, descartaríamos completamente os judeus do Novo Testamento. Fazer isso seria despojar Jesus e todas as pessoas associadas a Ele da sua identidade judaica. Em 2005, quando a tradução "habitante da Judeia" estava obtendo destaque sobre a tradução "judeu" nos estudos do Novo Testamento, dei uma verificada para observar quem estava usando essa tradução. Acabei encontrando sites da Web de neonazistas e de membros da Ku Klux Klan, exatamente o que eu esperava. Sabe qual é a razão? É porque, se não houver judeus e houver somente habitantes da Judeia no Novo Testamento, então Jesus não pode ser judeu. Portanto, essas fontes desinformadas historicamente proclamam que ele necessariamente é ariano. A ideia de traduzir como "habitante da Judeia" em vez de "judeu" equivale, para continuar o tema deste capítulo e do capítulo anterior, a um grande exemplo do seguinte provérbio: "A estrada para o inferno é pavimentada de boas intenções".

As congregações individuais podem querer discutir, especialmente durante a Semana Santa quando muitas pessoas leem a narrativa da Paixão de João, os seguintes versículos:

- João 18:36, em que Jesus diz: "O meu Reino não é deste mundo. Se fosse, os meus servos lutariam para impedir que *os judeus me prendessem…*".

- João 19:7, em que "*os judeus insistiram* [com Pilatos]: *'Temos uma lei e, de acordo com essa lei, ele deve morrer*, porque se declarou Filho de Deus'" (falando nisso, essa lei não existe).

- João 19:12, em que Pilatos tenta libertar Jesus, "mas *os judeus gritavam: 'Se deixares esse homem livre, não és amigo de César. Quem se diz rei opõe-se a César*" (grifo nosso).

Traduzir essas passagens com a palavra "habitantes da Judeia" diminuiria o problema, assim como a interpretação mais positiva como "líderes judaicos". Porém, essa mudança na tradução pode ameaçar o apagamento da própria identidade judaica de Jesus. Ela também pode servir para deletar e, portanto, absolver o texto do seu uso mais antigo para promover leituras antijudaicas.

Aqui é o lugar para discussão eclesiástica, que pode incluir leituras lecionárias, tópicos de sermões, educação infantil, estudos

Superando a demonização

bíblicos, trabalhos na biblioteca da igreja, e assim por diante. Ninguém disse que esse exercício seria fácil, porém, é necessário.

Superando a demonização

O Evangelho de João possui momentos de beleza inspiradora e de enorme incentivo: a sua linguagem nos ajuda a ver o mundo criar luz e brilhar, como se todo vento que sentíssemos no rosto, cada palavra que sai da nossa boca ou que o ouvido escuta, cada cena e cada gosto estivesse revestido da presença de Deus. O Evangelho de João também possui momentos que não inspiraram amor, mas fomentaram o ódio, que não levaram à graça, mas fizeram brotar a intolerância. Por isso, temos que criar meios melhores de detectar os problemas potenciais e, depois, sermos proativos em corrigi-los.

A maioria dos cristãos com quem converso sobre a linguagem de João — seja em seminários ministeriais ou nas salas de aula, seja em discussões acadêmicas ou conferências de homilética — estão buscando maneiras de fazer esses textos serem coerentes com o que eles veem como os ensinamentos principais de Jesus: o amor em vez do ódio, acolher em vez de desagregar, fazer ao próximo tudo aquilo que gostaria que fizessem a você.

Embora João 8:44 não se encontre em nenhum lecionário, existem outros textos difíceis que se referem "aos judeus" mencionados neles. Algumas instituições eclesiásticas começaram a revisar as leituras dos lecionários. Por exemplo, para o quarto domingo da Quaresma no ano A, o Lecionário Comum Revisado inclui João 9:18-22, que retrata parte da história do homem que era cego de nascença. A congregação escuta:

> Os judeus não acreditaram que ele fora cego e havia sido curado enquanto não mandaram buscar os seus pais [...]. Seus pais disseram [evitaram responder] isso porque tinham medo dos judeus, pois estes já haviam decidido que, se alguém confessasse que Jesus era o Cristo, seria expulso da sinagoga.

Logo, a congregação acha que os judeus, ou seja, a totalidade dos judeus, expulsava os seguidores de Jesus; ao mesmo tempo, dá a impressão de que todo aquele que segue a Jesus não é "judeu". Para o quinto domingo da Quaresma no ano A, a leitura inclui João 11:8: "Mestre, há pouco os judeus tentaram apedrejar-te e assim mesmo vais voltar para lá?".

Enquanto escrevo este capítulo, também estou escrevendo uma pregação que será transmitida pela Internet para a Catedral Nacional no dia 7 de março de 2021, o terceiro domingo da Quaresma no ano B (se tudo correr bem, você poderá acessá-la no site da Catedral e em minha página do Facebook). O lecionário junta os Dez Mandamentos (Êxodo 20:1-17) com o salmo 19, que celebra a Lei que foi dada a Deus por meio de Moisés ao povo de Israel, e João 2:13-22, que fala do episódio no Templo. Portanto, a impressão que a congregação obtém é que "os judeus" no Templo violaram todos os dez mandamentos.

O Talmude, que é o compêndio antigo da tradição rabínica e dos ensinos da Lei, aconselha que, embora toda a Torá (por exemplo, o Pentateuco) tenha que ser lida para a congregação, nem toda ela deveria ser traduzida para o aramaico, a língua do povo. Por exemplo, os rabinos ficavam muito irritados com o aviso em Gênesis de que Rúben, o filho mais velho de Jacó, teve relações sexuais com Bila, a escrava de Raquel que foi dada como concubina para Jacó porque ela não podia ter filhos. A tradição (tratado Megillah 3:35) diz que esses versículos devem ser lidos em voz alta, mas não devem ser acompanhados da tradução aramaica (conhecida como *targum*). A mesma ausência de tradução é recomendada para o segundo relato do incidente do bezerro de ouro (Êxodo 32:21-24), a história do estupro de Amnom de sua irmã Tamar (capítulo 13 de 2Samuel) e para algumas outras passagens problemáticas. Nem todos os textos, especialmente na Bíblia cristã, precisam ser proclamados na congregação no domingo de manhã.

As igrejas que não seguem o lecionário, que geralmente possuem mais tempo para desenvolver um sermão ou um estudo de texto, possuem uma oportunidade maior para transmitir versículos que podem ser ouvidos como transmitindo ódio, mesmo que esse não tenha sido o propósito do autor.

Outras opções incluem acrescentar notas na ordem do culto, educando a congregação sobre como as passagens problemáticas podem ser usadas para transmitir o ódio, escolhendo lê-las desejando o bem e não o mal. Ou simplesmente pensem em mim na fileira de trás, ou na última fila da sala de aula, quando for ler essas passagens.

POSFÁCIO

Reconhecendo as dificuldades

Se olharmos para a Bíblia como um livro que nos ajuda a fazer as perguntas certas em vez de uma folha de respostas, estaremos honrando tanto a Bíblia quanto as tradições que a consideram sagrada. Por exemplo, a Bíblia nos força a fazer perguntas sobre a economia: sobre a fonte dos nossos recursos, o modo que os utilizamos e a influência que eles exercem sobre nós. Ela não levanta somente questões sobre os valores familiares, mas também sobre a nossa identidade tanto com relação a nossos pais, quanto com nossos irmãos, parceiros e filhos, bem como a identidade que queremos construir para nós mesmos. Ela nos faz perguntar como e para que queremos ser lembrados. Ela nos lembra sobre como a instituição da escravidão era encarada de forma natural em meio aos povos da antiguidade — e para as pessoas em todo o mundo há poucos séculos. Ela exige que levemos a sério o que proclamamos ser a essência da nossa tradição: como podemos declarar que todas as pessoas foram criadas à imagem de Deus e, ao mesmo tempo, encaramos as pessoas como bens ou como um ser que fica abaixo da condição humana? As congregações hoje podem ter dificuldades em ver o discípulo ideal como escravo e a imagem de Jesus como servo de todos: para algumas pessoas, essa linguagem é libertadora, mas, para outras, ela é mortífera.

A Bíblia nos pergunta como classificamos as pessoas como pessoas de dentro do grupo ou forasteiros, como membros de nossas comunidades e aqueles que se identificam com grupos diferentes. Quando essas fronteiras possuem algum valor e quando elas são prejudiciais? Como os recursos devem ser empregados e em favor de quem? Essas perguntas podem desafiar as igrejas: Quem pode participar de forma plena no culto e quem deve ficar de lado? O que pode ser feito para acolher quem é de fora e, ao mesmo tempo, reconhecer que essa pessoa estranha pode ter algo para contribuir para nossa comunidade?

Alguns entendimentos específicos sobre o que a Bíblia diz acerca da vida após a morte prejudicam um número incontável de cristãos, que temem o juízo final e entendem que Deus é um agressor; igualmente prejudiciais são as visões sobre aqueles que pensam: "Estou salvo, portanto, posso fazer o que bem entender" — um problema que Paulo já enfrentava com a sua comunidade em Corinto. Algumas leituras específicas da demonização dos judeus no Evangelho de João, juntamente com muitas outras passagens do Novo Testamento, têm prejudicado o relacionamento entre o próprio povo de Jesus, os judeus e os seus seguidores, que acabaram sendo chamados de *cristãos*. Passa a ser nossa responsabilidade garantir que os Evangelhos de amor não sejam mensageiros do ódio.

Uma fé madura lida com essas questões e também com os textos que levam até elas. Uma ação corajosa consiste em abordar nossos textos problemáticos em vez de ignorá-los. A ação pastoral é reconhecer que eles causaram problemas e podem continuar a causar.

POSFÁCIO

Não podemos simplesmente dizer às pessoas que se preocupam em continuar com a conta do banco no vermelho ou que têm medo de morrer e ir para o fogo do inferno, ou ainda aquelas que descartam os Evangelhos porque percebem neles uma tolerância à escravidão, algo como: "Que exagero!" ou "Vamos dar uma olhada em alguns outros versículos". A ação teológica consiste em deixar o Espírito Santo orientar as nossas leituras para que encontremos a vida abundante em vez de vivermos em uma atmosfera de medo e ódio.

Não é necessário ser um especialista bíblico para abordar esses textos problemáticos. Fico mais preocupada quando as pessoas não encontram nada problemático dentro da Bíblia, e ainda mais preocupada quando elas desprezam as perguntas que os outros fazem. Prestamos um desserviço para nossas congregações, e especialmente aos nossos jovens, quando não questionamos o significado de um texto ou temos dificuldades com aquilo que acreditamos que algum texto está querendo dizer. O discipulado não equivale a termos uma mentalidade de rebanho.

Eu também acho que um bom discipulado significa caminhar uma milha a mais (parafraseando as palavras de Jesus) e ir além de perguntar: "O que este texto significa para mim?", e então perguntar: "Qual teria sido o seu significado no seu contexto original?" — e isso exige mais trabalho. Em alguns casos, a história pode ajudar: porque, se entendermos o motivo pelo qual um texto foi escrito e para quem ele foi escrito, podemos obter um sentido melhor do que ele pode ter significado a princípio. Em outros casos, dar atenção ao grego original é útil, porque as traduções em algumas passagens podem exacerbar um problema, como a referência constante ao "inferno" em passagens nas quais a palavra "Geena" seria uma opção melhor.

Entretanto, as abordagens acadêmicas, como a História ou a Filologia, estão longe de ser uma panaceia para todos os problemas potenciais. Em alguns momentos, podemos não ter a certeza do autor ou dos destinatários, e o ato de avaliar a "intenção" de um autor passa a ser inevitavelmente mero palpite. Além disso, o que Jesus teve a intenção de dizer aos judeus em aramaico pode ter assumido um significado diferente quando os escritores dos Evangelhos passaram suas palavras para o grego, e os gentios que falavam grego as liam.

Permita-me dar um exemplo de problema ao identificar a intenção tanto do próprio Jesus quanto dos escritores dos Evangelhos. Quando eu estava discutindo o conteúdo deste livro com uma amiga bem próxima, ela mencionou o seguinte: "Aposto que alguns leitores chegarão à conclusão de que você não gosta de Jesus nem do Novo Testamento e dos cristãos". O que é triste em tudo isso é que ela provavelmente esteja certa quanto ao que os outros podem pensar, apesar do fato de que nada pode estar mais longe da verdade. É óbvio que eu não passaria a vida inteira (e olha que já estou nisso por um bom tempo) estudando o Novo Testamento e trabalhando com as pessoas que o consideram sagrado se eu odiasse esse texto ou a sua comunidade. Além disso, continuo aprendendo com Jesus e continuo tendo dificuldades com alguns de seus ensinos. Esse é um sinal de um relacionamento saudável.

Quando as pessoas me perguntam como eu abordo a Bíblia — tanto o cânon judeu quanto o cânon cristão —, a metáfora que eu

POSFÁCIO

acho mais útil é a de um melhor amigo ou de um cônjuge. Quando o amor é forte o suficiente, então a honestidade nunca é uma ameaça. Podemos dizer: "Não entendo o que você está querendo dizer". "Esse comentário me ofendeu", "Acho que esse comentário é perigoso" ou "Como você tem a coragem de dizer isso?". Um bom amigo ou um cônjuge não tem a intenção, ou pelo menos não deve, de nos forçar a renunciar à nossa consciência de moralidade. Ao mesmo tempo, fazemos o máximo para entender o que esse amigo ou cônjuge está dizendo. O amor mantém o nosso relacionamento. Às vezes, podemos concordar em discordar, mas o amor continua.

Passos em direção ao futuro

Os livros da Bíblia foram escritos em épocas e em lugares específicos por pessoas em particular que tinham mensagens para seus leitores. Às vezes, essas mensagens não conseguem fazer uma boa transição do primeiro século para o século 21, e, às vezes, as dúvidas que temos no século 21 não possuem vínculos profundos com os textos do Evangelho. Entretanto, existem vários passos que podemos dar para garantir que o texto serve para promover o bem em vez de promover alguma neurose, ou intolerância, ou mesmo vergonha. Falarei a respeito de três deles.

Em primeiro lugar, o sentido do texto sempre está em andamento, à medida que levantamos novas questões, fazemos novas descobertas e acolhemos novas vozes na tarefa da interpretação. Se esse não fosse o caso, os pastores e sacerdotes não teriam nada a oferecer no domingo de manhã e os estudos bíblicos seriam algo como assistir a tinta secar.

Todos nós somos obras inacabadas. A tradição cristã está esperando Jesus voltar (ainda que os que se identificam como cristãos tenham várias interpretações sobre como isso acontecerá ou mesmo se isso acontecerá realmente). Enquanto esperamos, podemos trabalhar juntos. Já que temos em comum a história do primeiro século, ou o que se chama de judaísmo da época do Segundo Templo, podemos aprender e interpretar juntos, assim como também podemos lidar com as dificuldades juntos.

Em segundo lugar, já vimos o mal que os textos são capazes de fazer. A nossa tarefa é garantir que os textos não venham a prejudicar, mas incentivem, fazer que eles não demonizem nem cancelem pessoas, mas sirvam para acolhê-las. Isso exige que os debatamos a fundo. Não tenham medo! Mateus, Marcos, Lucas e João podem muito bem lidar com isso — e acho que eles agradeceriam se as "boas-novas" fossem entendidas não somente por eles, mas pelo Tom, pela Maria, pela Shatika, pelo Juan, pelo Randy e pela Roberta, e assim por diante.

Em terceiro lugar, nós não sabemos *como* Jesus expressou os seus ensinamentos. Os escritores dos Evangelhos só bem raramente nos dizem se Ele estava zangado ou triste. Quando vejo essas palavras difíceis, tento imaginar sua expressão facial, a sua linguagem corporal e o seu tom de voz. Será que Ele estava realmente falando sério, ou havia algum sorriso matreiro no seu rosto? Depois de dizer essas palavras chocantes, será que Ele não colocava a mão no ombro

POSFÁCIO

dos seus discípulos e deixava bem claro que os amava? Como Ele era um bom mestre judeu, será que Ele ficava contente quando seus discípulos interpretavam suas palavras para promover a vida, a graça e a paz? Suspeito que esse seja o caso.

Sua opinião é importante para nós.
Por gentileza, envie-nos seus comentários pelo e-mail:

editorial@hagnos.com.br

Visite nosso site:

www.hagnos.com.br